电子商务名师名校
新形态精品教材

电子商务文案策划与写作

全能一本通

微课版

张润彤 / 主编

人民邮电出版社

北京

图书在版编目（ＣＩＰ）数据

电子商务文案策划与写作全能一本通：微课版／张
润彤主编. -- 北京：人民邮电出版社，2023.10
电子商务名师名校新形态精品教材
ISBN 978-7-115-61917-4

Ⅰ．①电… Ⅱ．①张… Ⅲ．①电子商务－应用文－写
作－教材 Ⅳ．①F713.36②H152.3

中国国家版本馆CIP数据核字(2023)第102490号

内 容 提 要

本书以电子商务文案为核心，讲解了电子商务文案策划与写作的方法及技巧。全书内容翔实，涵盖多种类型的电子商务文案，通过案例引入电子商务文案策划与写作知识的讲解，并提供了常见的策划与写作思路和模板，以及优秀的案例。

本书共 10 章，主要内容包括电子商务文案的基础知识、电子商务文案策划与写作的前期准备、电子商务文案写作、电子商务文案排版与视觉创意、商品文案写作、活动文案写作、品牌文案写作、微信与微博文案写作、短视频与直播文案写作、其他电子商务文案写作等。

本书提供 PPT 课件、素材、教案、题库和教学大纲等教学资源，用书教师可登录人邮教育社区（www.ryjiaoyu.com）免费下载。

本书可作为市场营销、电子商务、企业管理、国际贸易等专业文案写作课程的教材，也可作为电子商务文案策划和网络营销从业者的参考书。

◆ 主　　编　张润彤
　　责任编辑　孙燕燕
　　责任印制　李 东　胡 南

◆ 人民邮电出版社出版发行　　北京市丰台区成寿寺路 11 号
　　邮编　100164　　电子邮件　315@ptpress.com.cn
　　网址　https://www.ptpress.com.cn
　　固安县铭成印刷有限公司印刷

◆ 开本：787×1092　1/16
　　印张：12.75　　　　　　　　　2023 年 10 月第 1 版
　　字数：256 千字　　　　　　　 2025 年 6 月河北第 4 次印刷

定价：52.00 元

读者服务热线：(010)81055256　印装质量热线：(010)81055316
反盗版热线：(010)81055315

前言
PREFACE

党的二十大报告指出，教育、科技、人才是全面建设社会主义现代化国家的基础性、战略性支撑。报告还强调，必须坚持科技是第一生产力、人才是第一资源、创新是第一动力，深入实施科教兴国战略、人才强国战略、创新驱动发展战略，开辟发展新领域新赛道，不断塑造发展新动能新优势。这为推动当下和未来一段时间内我国科教及人才事业的发展、构建人才培养体系指明了基本方向。

当下，随着电子商务的快速发展，市场对文案人员人才的需求不断提高，越来越多与文案相关的课程被纳入教学体系，而文案写作是一门实践性较强的课程，只有满足市场和教学的需求，兼顾理论与实践训练，才能培养出德、智、体、美、劳全面发展的高素质、高技能人才，为此，编者特编写了本书。

本书内容

本书共10章，按照知识深浅程度分为3个部分。各部分的具体内容和学习目标如下。

第1部分（第1章）：这部分是电子商务文案的基础知识，要求读者了解电子商务文案的含义、作用和类型，熟悉电子商务文案岗位的职业素养、任职要求和职业发展。

第2部分（第2章~第4章）：这部分是电子商务文案策划与写作的核心内容，主要介绍了电子商务文案策划与写作的前期准备、电子商务文案写作、电子商务文案排版与视觉创意。这部分内容要求读者能分析市场行情、竞争对手等，以及能提炼商品卖点，并选择合适的创意策略，完成电子商务文案的整体构思，设计出有吸引力、有价值的文案，并最终促成交易。

第3部分（第5章~第10章）：这部分主要介绍了不同类型电子商务文案的具体写作方法和技巧，要求读者熟练掌握相关写作技能，写出优秀的商品文案、活动文案、品牌文案、微信与微博文案、短视频与直播文案、其他电子商务文案等。

本书特色

与目前市场上的其他同类书籍相比，本书具有以下特色。

（1）**知识结构合理**。本书从电子商务文案的基础知识开始讲解，之后逐渐延伸至不同类型文案的写作，循序渐进、深入浅出。通过学习本书中的知识，读者可了解电子商务文案和电子商务文案岗位的相关知识，提高策划与写作电子商务文案的能力，为未来成为一名合格的文案人员做准备。

（2）**落实立德树人根本任务**。本书积极贯彻党的二十大精神，落实立德树人根本任务，以培养德、智、体、美、劳全面发展的社会主义建设者和接班人为己任，因而专门设置了"素养课堂"板块，有助于读者形成正向、积极的世界观、人生观和价值观。

（3）**图示直观，模板、案例丰富**。电子商务文案策划与写作包含大量的理论知识，为了让读者更易于理解，本书不仅对理论知识做了图示化处理，还总结归纳了文案写作模板，具有较强的可读性和参考性。此外，本书在正文中穿插有"阅读与思考"，可帮助读者快速理解与掌握相关内容。

（4）**理论与实践相结合**。本书在讲解理论知识的同时，在每章均设计了"同步实训""巩固与练习"板块，以帮助读者更好地掌握相关技能。

配套资源

拓展学习资源。本书将拓展学习资源以二维码的形式展示。读者扫描二维码即可查看相应的视频或跳转至相应知识链接，从而拓展读者视野。

配套教学资源。本书提供丰富的教学资源，包括PPT、素材、教案、题库和教学大纲等，用书教师可自行通过网站下载，下载地址为：www.ryjiaoyu.com。

在编写本书的过程中，编者参考了电子商务文案写作的相关资料，在此谨向这些资料的作者致以诚挚的谢意。本书所引用的广告及文案，著作权归原作者所有，本书仅作分析使用。

本书由张润彤担任主编。由于作者水平有限，书中难免存在不足之处，欢迎广大读者、专家批评指正。

编　者
2023年5月

目录
CONTENTS

第7章 品牌文案写作 …… 118

第9章 短视频与直播文案

写作 ………… 155

第8章 微信与微博文案

写作 ………… 139

第10章 其他电子商务文案

写作 ………… 173

第1章 电子商务文案的基础知识

案例引入

"双11"是近年来比较流行的网络促销活动。活动期间,许多电子商务平台和品牌会同步开展促销活动,同时还会发布宣传推广文案,以吸引消费者购买。2022年"双11",京东发布了一则宣传推广京东生鲜产品的文案,该文案并没有详细展示京东生鲜产品的特点,而是以网络流行词和谐音的方式引出生鲜产品,如无"蟹"可击(大闸蟹)、牛气冲天(牛排)、"酥酥"服服(农家小酥肉)等。这些新颖且幽默的文案吸引了广大消费者的关注,并迅速引起大量的讨论与转发。

目前,电子商务文案已经深入企业或品牌的电子商务活动,并成为其宣传与推广不可或缺的部分。要想成为一名合格的文案人员,我们不仅需要掌握电子商务文案的写作方法,还需要了解什么是电子商务文案,电子商务文案有哪些常见类型,以及电子商务文案岗位的职业素养、任职要求和职业发展等知识。

学习目标

- 熟悉电子商务文案的含义与作用。
- 掌握电子商务文案的不同类型。
- 掌握电子商务文案岗位的相关知识。

素养目标

- 培养对电子商务文案写作的兴趣。
- 培养遵纪守法、诚实守信、爱岗敬业、恪尽职守的职业精神。

1.1 电子商务文案认知

电子商务文案的发展建立在电子商务活动的繁荣发展之上。发展至今，电子商务文案已经成为电子商务时代的一种新型广告，不仅可以清晰展示商品的信息和优势，还能促进商品的销售。

1.1.1 电子商务文案的含义

在现代，文案通常指企业中从事文字工作的职位，或以文字来表现制定的创意策略。文案多广泛应用于企业宣传、新闻策划等领域。而伴随着电子商务的发展，围绕电子商务活动和平台展开的电子商务文案逐渐延伸出来。

电子商务文案是电子商务和文案的结合，是服务于电子商务的新型广告。换句话说，电子商务文案是基于电子商务活动和平台，与商品或品牌相结合的，以文字为主要元素，图片、视频等为辅助元素，吸引消费者关注并激发其购买欲望的一种商业文体。

范例 图 1-1 所示为某商品的部分详情页截图，图 1-2 所示为某品牌发布的商品短视频片段截图。它们都属于电子商务文案，图 1-1 中的文案主要以"文字 + 图片"的形式展示商品卖点，图 1-2 中的文案则采用"文字 + 视频"的形式展示商品卖点，二者都非常直白，可以很好地让消费者关注商品，激发消费者的购买欲望。

图 1-1　某商品的部分详情页截图　　　图 1-2　商品短视频片段截图

1.1.2 电子商务文案的作用

电子商务文案的价值在于传递商品或品牌的信息，从无到有地建立起消费者对商品或品牌的认知，加深消费者对商品或品牌的印象，从而为后续的宣传推广、品牌形象塑造、商品销售等创造良好的条件。

课堂讨论

你有喜欢的国产品牌吗？这些品牌有没有让你印象深刻的电子商务文案？它们为什么会吸引你？

1. 增强消费者信任

很多电子商务文案都带有销售性质，其主要目的是让消费者了解并信任所描述的商品或品牌并产生购买的欲望。销售基于信任，而电子商务文案恰恰能够架起品牌与消费者之间信任的桥梁，增加消费者对商品或品牌的好感，如详细的商品信息展示、第三方评价、权威机构认证等都是增强消费者信任的途径。

范例 图1-3所示的某品牌发布的电子商务文案，明确表明品牌建立了一个源头管理、生产加工、仓储物流和终端服务等环节无缝衔接的全链条管理体系，可以实现商品溯源，很好地增强了消费者对品牌的信任。

图1-3 某品牌发布的电子商务文案

2. 促进宣传推广，实现与消费者的沟通与互动

电子商务文案可以借助微信、微博、淘宝、抖音等网络平台广泛传播，消费者只要具备上网的条件就可以在网络中看到它。品牌利用这些网络平台对电子商务文案进行宣传推广，不仅可以扩大电子商务文案的传播范围，还能及时获得消费者的反馈意见，实现与消费者的沟通和互动。如果互动具有一定的话题性，甚至还可以促进电子商务文案的二次传播。

范例 小米曾联合美丽中国支教项目发起"大山里的童画"公益项目，向云南6所小学捐献小米平板电脑作为孩子们的美术课教具。为了让更多人关注山区儿童的教育，小米在网络平台中发布了《大山里的童画》视频文案与宣传海报文案。文案发布后，大批网友与小米展开沟通与互动（见图1-4），部分网友还自发转发文案。借助文案，小米不仅向消费者表达了自己"做一个有温度的互联网公司"的理念，还很好地实现了与消费者的交流和互动。

图1-4　大批网友与小米展开沟通与互动

3．提升品牌形象，积累品牌资产

优秀的电子商务文案可以提升商品价值和品牌公信力，彰显品牌文化、精神和意义，增进消费者对品牌的认知和了解，提升品牌形象。长久下去，品牌知名度、美誉度等就可以逐渐提高，品牌资产就会不断积累。

范例　安踏是一个体育用品品牌，它常常发布一些表明品牌态度与理念的文案，如图1-5所示。这些文案可以让消费者了解其品牌文化和品牌理念，从而提升品牌形象，增加消费者对品牌的好感。

图1-5　安踏发布的表明品牌态度与理念的文案

4．促进商品的销售

优秀的电子商务文案通常可以抓住消费者的痛点，激发消费者的购买欲望，进而促进商品的销售。

范例 某家居品牌在为拖把设计商品详情页时，从消费者的痛点出发——手洗拖把麻烦且脏手、地面缝隙不好清理、弯腰拖地累等，创作了"一拖一拉轻松挤干，告别手洗、解放双手""契合地面缝隙，加倍干净不伤地面""加长拖把杆，拖地不弯腰"等文案。这些文案不仅能引发消费者在拖地问题上的共鸣，还有利于激发消费者的购买欲望，促进商品的销售。

👤 专家点拨

消费者在需求得到满足时会产生愉悦的心理感受，同时会对满足其需求的商品或品牌产生好感。相反，若需求不能得到满足，则消费者容易对商品或品牌产生排斥感。

 阅读与思考：创意电子商务文案助力农夫山泉发展

农夫山泉是一个饮料品牌，一直专注于研发、推广天然矿泉水、果蔬汁饮料、功能性饮料和茶饮料等。多年来，农夫山泉一直坚持"天然、健康"的品牌理念，不断提升品牌实力，除了高品质的商品，其创作的创意电子商务文案也是助力品牌发展的"利器"。

例如，农夫山泉为了突出天然矿泉水的口感，创作了被人津津乐道的广告语——农夫山泉有点甜，从此开辟了"天然矿泉水"这一品类市场。紧接着，为了加深消费者对品牌的印象，又创作了"我们不生产水，我们只是大自然的搬运工"文案，同时发布了《一个你从来不知道的故事》《每一滴水都有它的源头》《最后一公里》《一个人的岛》《一百二十里》《一天的假期》等视频文案，通过文案传递品牌情怀，进一步强调了品牌"大自然的搬运工"的形象。这一系列创意电子商务文案的发布，使农夫山泉的品牌文化和品牌理念越发深入人心。另外，由于"80后""90后""00后"等年轻消费群体逐步成为消费主力军，农夫山泉也与时俱进，发布了许多符合新消费群体审美和需求的创意电子商务文案，如与故宫、网易云音乐、中国银联等联合推出创意瓶，并发布了一系列海报文案等。

总的来说，农夫山泉通过创意电子商务文案体现了其品牌定位和品牌理念，强化了其"天然矿泉水"的符号标签，不仅很好地表现了商品的特质，还体现了品牌的匠心，提升了品牌形象。

思考： 创意电子商务文案对农夫山泉的发展起到了什么作用？

1.1.3 电子商务文案的类型

根据表现形式、用途等的不同，电子商务文案可划分为不同的类型。了解电子商务文案的类型可以帮助文案人员更好地认识电子商务文案，写出更加符合品牌需求的文案，达到促进商品销售、宣传品牌等目的。

1. 根据表现形式分类

电子商务文案按表现形式的不同可以分为文字式电子商务文案、图片式电子商务文案和视频式电子商务文案3种。

（1）文字式电子商务文案

文字式电子商务文案是指以大段的文字输出为主的电子商务文案，如微信公众号文案、微博头条文章等。文字式电子商务文案一般篇幅较长，还会穿插一些图片、链接等，如图1-6所示。

（2）图片式电子商务文案

图片式电子商务文案是指以图片为承载形式的电子商务文案，如商品详情页文案（见图1-7）、海报文案等。该类电子商务文案对图片创意与信息选择要求较高，一般要求文案人员利用有限的文字传达主题思想和重要信息。

（3）视频式电子商务文案

视频式电子商务文案即以视频为承载形式的电子商务文案，主要指直播与短视频（见图1-8）文案。视频式电子商务文案的主题丰富，包括品牌宣传、新品试用、商品测评、好物分享等多种类型。

图1-6　文字式电子商务文案

图1-7　图片式电子商务文案

图1-8　视频式电子商务文案

2．根据用途分类

电子商务文案按用途的不同可以分为展示类电子商务文案、品牌类电子商务文案、推广类电子商务文案3种类型。

（1）展示类电子商务文案

展示类电子商务文案一般会详细描述商品或活动的基本信息、商品卖点等，以促进商品的销售。商品详情页文案、活动海报文案等都属于展示类电子商务文案。

范例　图1-9所示为美的发布的活动文案，其中的"¥2599""11月11日0—24点"等文字可以让消费者知晓商品的促销价格和活动时间，以促使消费者尽快下单。

图1-9　展示类电子商务文案

👤 **专家点拨**

除了常见的商品详情页文案、活动海报文案等，商品评价回复文案实际上也属于展示类电子商务文案。商品评价回复文案是品牌在评论区对消费者评论的回复，其内容包括对消费者评价的解释、感谢，以及对其他消费者引导购买等，总体而言是对商品及品牌优势的展示，以吸引消费者购买。

（2）品牌类电子商务文案

品牌类电子商务文案是为品牌服务的，其目的是提升品牌形象，提高品牌美誉度等。品牌标语、品牌故事、品牌公关文案等都属于品牌类电子商务文案，其中品牌故事较为典型，常出现在品牌官网的品牌故事专栏中或商品详情页文案的后半部分，又或者作为营销推广软文或视频文案被广泛传播，用于展示品牌的实力与品质。

范例　图1-10所示为湾仔码头的品牌故事，讲述了品牌的由来、发展等，展现了品牌的理念，有利于其在消费者心中树立良好的品牌形象。

（3）推广类电子商务文案

推广类电子商务文案主要基于网络平台传播，推广并宣传商品、品牌或服务。品牌可以通过各种网络平台（如目前较为主流的微博、微信及资讯类网站和社群）进行宣传，相应地，文案人员就要在这些平台中写作并发布有关商品、品牌或服务的推广文案。因此，推广类电子商务文案涉及的范围非常广泛。总体来说，在微博、微信等平台发布的推广商品或品牌的文案，在小红书、淘宝（主要是"逛逛"界面）等平台发布的"种草"类文案，在知乎等问答平台中发布的与品牌或商

图1-10　品牌类电子商务文案

品相关的问答都可以视作推广类电子商务文案。

 阅读与思考：饿了么《如果你生病了，请告诉我》文案引发共鸣

饿了么是一个生活平台，主营在线外卖、新零售、即时配送和餐饮供应链等业务。为了宣传与推广即时配送业务，饿了么曾在微信、微博、抖音等平台发布暖心视频文案——《如果你生病了，请告诉我》，图1-11所示为视频文案片段截图。该视频文案揭示"人在小时候生病了会向大人倾诉，而长大后生病却慢慢成了一个人的事"的现象，用娓娓道来的语气告诉消费者"就算你已经是大人了，也可以分享脆弱，就像小时候那样"，并向消费者传递"饿了么买药24小时守护，平均25分钟送达，与全国21万家药房，时刻守护您的健康"的信息，告诉消费者"着急买药 上饿了么"。

图1-11 视频文案片段截图

该视频文案采用第一人称的叙述方式，使用富有情感的文字来引发消费者的共鸣，结尾处直接点明文案主旨"着急买药 上饿了么"，不仅宣传与推广了饿了么的即时配送业务，还很好地拉近了与消费者的距离，增加了消费者对品牌的好感。

思考：（1）就用途来说，该视频文案属于什么类型的电子商务文案？（2）该视频文案的发布对饿了么的发展有什么作用？

1.2 电子商务文案岗位认知

伴随着电子商务行业的发展壮大，电子商务文案岗位的需求也越来越大。文案人员要想胜任电子商务文案岗位，不仅需要充分了解电子商务文案岗位的职业素养、任职要求，还要明确电子商务文案岗位的职业发展。

微课

1.2 电子商务文案
岗位认知

1.2.1 电子商务文案岗位的职业素养

职业素养是职业内在的规范和要求，主要包括职业素质和工作职责两个方面的内容。

1．职业素质

电子商务文案岗位应当具备的职业素质主要包括以下几个方面。

- **网感**。网感是网络敏感度的简称，指的是文案人员对网络流行热点（如网络热点话题、网络热点词汇、网络热点表情包等）的快速反应能力。一名合格的文案人员，对热点、时事、政策和网络趋势要反应迅速，要能敏锐捕捉互联网热点，并据此创作消费者感兴趣的电子商务文案。

- **扎实的文字功底**。内容是营销的关键，文案人员没有良好的文案写作能力，就无法写出吸引和打动消费者的电子商务文案。总体来说，文案人员需要具备扎实的文字功底，能够把控文案的语言风格，根据文案类型的不同进行不同的描述等，从而写出生动、形象的电子商务文案。

> ✏️ 课堂讨论
>
> 你具备电子商务文案岗位的职业素质吗？若不具备，应从哪些方面提升自身素质？

- **主动性强**。电子商务文案写作是一个不断积累与学习的过程，文案人员需要有较强的主动性，能够主动学习和积累行业相关知识。另外，在面对新事物时，文案人员要积极尝试，并学会融会贯通，将其中好的、有用的东西应用到文案中，创作出优秀的作品。

- **有创新意识**。新颖、有创意的文案更容易引起消费者的注意，获得消费者的"叫好"。因此，文案人员需要有创新意识。同时，有创新意识还意味着文案人员可以适应时代发展的变化，其创作的文案能始终保持竞争优势。

- **有同理心**。同理心是指能够设身处地地理解他人的情绪和想法的能力，是一种换位思考的能力。具备较强同理心的文案人员，能够站在目标消费群体的角度思考问题，从而写出打动消费者的电子商务文案，引起消费者的共鸣。

- **良好的职业道德**。文案人员应当具备良好的职业道德，要做到遵纪守法、诚实守信、热情服务、团结协作、爱岗敬业、恪尽职守，坚决不做损害国家、品牌和消费者利益的事。

🧑‍🏫 素养课堂

　　守正创新是党的二十大的主题关键词之一。伴随着我国经济进入高质量发展阶段，创新也从量的积累进入质的提升的新阶段。中华民族历来就是一个富于创造的民族，在长期的历史发展中，创造了丰富的物质文明和精神文明。作为民族和国家的希望，我们更要积极发挥自己的创新精神和创造力，推动社会的发展与进步。

2．工作职责

在招聘网站中搜索"电子商务文案"岗位，可以看到企业对该岗位的要求。图1-12所示为不同企业对电子商务文案岗位的职位描述。

职位描述　　　　　　　　　　　　　　　　　　　　　　○ 微信扫码分享　　△ 举报

商品文案　　文案策划　　页面排版　　天猫店铺　　原创撰稿　　电商平台

工作职责：
1. 负责各商城商品描述、卖点提炼及文案撰写与策划；协同平面设计师完成店铺首页及详情页的版面设计与制作；
2. 负责天猫、京东、抖音等在线网络平台的日常内容的撰写；
3. 跟进活动的执行，根据活动方案做出及时调整；
4. 协助合作品牌方策划活动文案；
5. 协助其他部门撰写文案。

职位描述　　　　　　　　　　　　　　　　　　　　　　○ 微信扫码分享　　△ 举报

商品文案　　详情文案　　电商文案

工作职责：
1. 策划淘宝、天猫、京东等店铺活动和推广的文案；
2. 负责淘宝、天猫、京东等店铺的首页、详情页的文案撰写工作，深入研究目标客户群，挖掘商品亮点与卖点，对商品进行直观、感性、富有吸引力的描述，最大限度提高商品转化率；
3. 协助策划电商营销活动，参与活动主题的制定；
4. 及时跟踪后台数据，不断优化店铺的排版；
5. 负责撰写有关品牌及商品形象的文案。

图 1-12　不同企业对电子商务文案岗位的职位描述

电子商务文案岗位多与"策划""撰写"等词组合在一起。查看工作职责内容，也可以发现电子商务文案岗位的工作多与策划、撰写、推广等工作有关。也就是说，电子商务文案岗位的工作职责并不只是写作电子商务文案，还包括品牌推广、活动策划、平面设计、新媒体运营等与电子商务宣传、推广、营销相关的内容，具体如下。

- 根据企业或品牌的定位及商品风格，对商品进行创意思考及文案策划。
- 分析市场上的同类竞争品牌和消费者心理，撰写品牌文案，提升品牌形象。
- 挖掘商品卖点，跟进热点，编写能突出商品特点、展现商品价值，使消费者产生强烈购买欲望的商品描述。
- 写作商品详情页文案、活动海报文案等各类营销文案或软文。
- 协助推广团队完成推广方案的策划和撰写。
- 熟练掌握和运用各种新媒体营销推广渠道，发布和推广文案。
- 策划和跟进活动，不断输出优质文案。

素养课堂

写作电子商务文案时要坚持正确导向，弘扬主旋律，大力践行社会主义核心价值观。

1.2.2　电子商务文案岗位的任职要求

总体来说，电子商务文案岗位对学历、专业、经验、知识和能力等方面都有一定的要求。

- **学历要求**。电子商务文案岗位多要求任职者具备专科或本科及以上学历，如果任职者的经验丰富或个人能力较强，部分企业可能会降低学历要求。

● **专业要求**。企业一般倾向于选择广告、新闻、中文、市场营销等专业的人员任职电子商务文案岗位。同样，如果任职者的经验丰富或个人能力较强，部分企业可能会降低标准。

● **经验要求**。根据具体岗位及薪资水平的不同，电子商务文案岗位对任职者的经验要求也不同，大多会要求至少具有1年工作经验，资深电子商务文案岗位可能会要求具有3～5年的工作经验。

● **知识要求**。电子商务文案岗位的任职者应当掌握电子商务、互联网运用、网络营销和营销策划等知识，还应当掌握制图工具、排版工具的使用方法，熟悉各大电子商务平台的平台操作等。除此之外，任职者还要具备一定的营销心理学知识。

● **能力要求**。电子商务文案岗位多要求任职者具备一定的文案写作能力、协调沟通能力、软件操作能力、快速学习能力、创新能力和抗压能力。其中，文案写作能力是指要有扎实的文字功底，具备较强的文案资料收集、整理、组织和编辑的能力；协调沟通能力是指进行多方协调与沟通，配合团队协作的能力；软件操作能力是指熟练使用Photoshop、InDesign、Office等软件的能力；快速学习能力是指在短时间内快速熟悉陌生事物，掌握该事物的相关知识并融会贯通的能力；创新能力是指独立自主地创造新事物、新内容的本领和能力；抗压能力是指调节负面情绪、承受工作压力的能力。

> 👤 **专家点拨**
>
> 上述任职要求是企业对电子商务文案岗位正式员工的相关规定，如果是电子商务文案岗位实习人员，企业对其经验、学历和能力等大多不做硬性要求。

1.2.3 电子商务文案岗位的职业发展

在实际工作中，电子商务文案岗位的职业发展之路大致如图1-13所示。当文案人员的职位提升时，相应的待遇也会得到提升。

图1-13 电子商务文案岗位的职业发展之路

总体来说，电子商务文案岗位比较看重作品和经验。从初级文案到中级文案，再到高级文案，文案人员需要有丰富的想象力和超强的文字驾驭能力，能根据目标消费群体的特点，写出各种类型、风格的电子商务文案。发展到创意主策时，文案人员则

需要有良好的统筹策划能力，能够制定营销策略、统筹推广资源，最大化发挥电子商务文案的作用。而要成为创意总监，文案人员不仅要有强大的文字驾驭能力、逻辑思维能力、持续的内容输出能力等，还要有管理能力，要能搭建并管理内容运营团队。

📈 同步实训：制作电子商务文案岗位求职简历

【实训背景】

求职简历是求职者介绍自己的书面材料，也是企业对求职者留下初步印象的重要凭证。求职简历是求职者的"敲门砖"，是求职者学习、生活、工作经历的缩影，它就像商品说明书和广告，求职者用其向企业进行自我展示、自我推销。下面请同学们尝试制作电子商务文案岗位求职简历。

【实训要求】

（1）根据自身情况在招聘网站中选择合适的电子商务文案岗位。

（2）针对选定的电子商务文案岗位，制作吸引力强的求职简历。

【实训步骤】

（1）登录 BOSS 直聘、智联招聘等招聘网站，输入"电子商务文案""电商文案"等关键词，查看电子商务文案岗位及任职要求。

（2）对比招聘要求与自身信息，从中选出符合要求的目标岗位，并在表 1-1 中写下对应的企业名称、工作职责，以及任职要求。

表 1-1　目标岗位

企业名称	工作职责	任职要求

（3）明确求职简历的基本结构，进行自我总结和归纳。一般来说，求职简历通常包括个人概况、求职意向、教育背景、实践经历、专业技能、获奖情况和自我评价等板块，各板块的详细内容如表 1-2 所示。

表 1-2　求职简历的基本结构

板块	详细内容
个人概况	姓名、性别、出生年月、籍贯、手机号、民族、政治面貌、学历、毕业院校、专业、毕业时间、邮箱等
求职意向	目标岗位

续表

板块	详细内容
教育背景	毕业院校、所学专业、学历等
实践经历	与岗位任职要求对应的实践经历
专业技能	资格等级证书、某方面的过人之处等
获奖情况	奖项名称、获奖时间等
自我评价	突出优势、工作态度或座右铭等

（4）针对目标岗位制作求职简历。图 1-14 所示为求职简历参考模板。

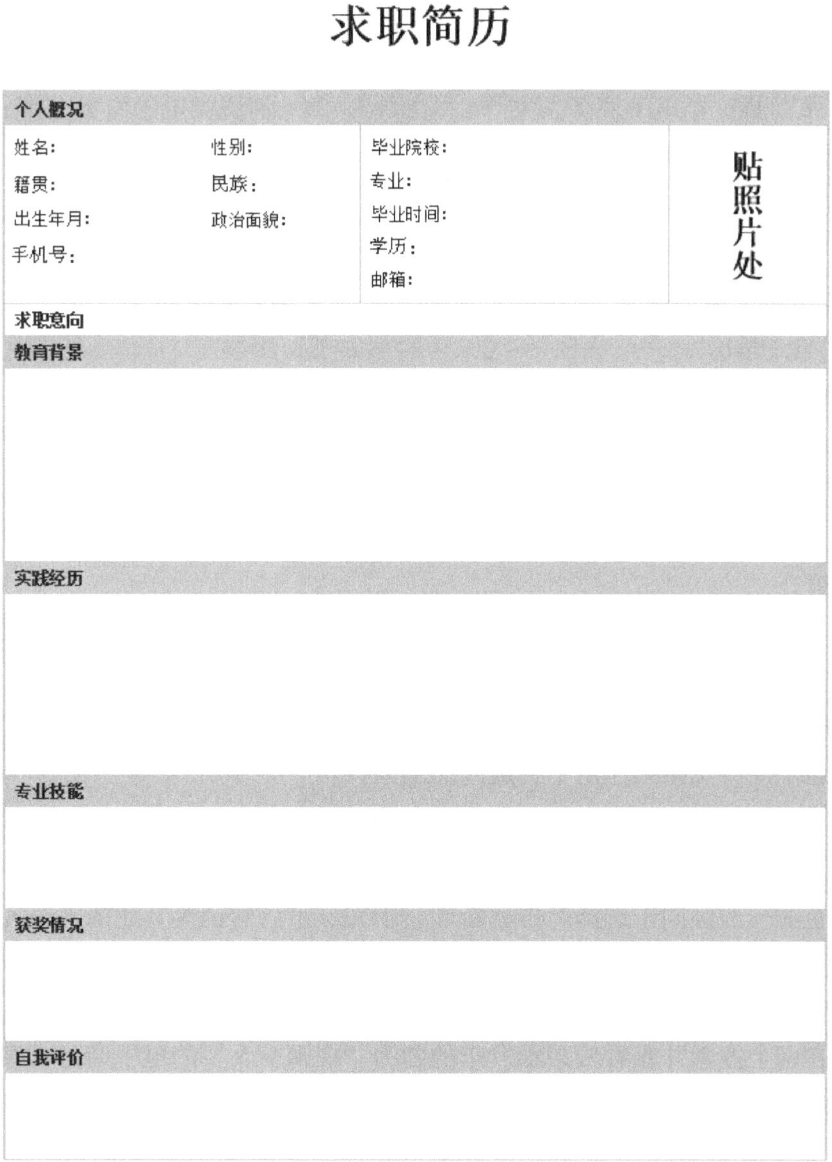
求职简历

个人概况

姓名： 性别： 毕业院校：
籍贯： 民族： 专业：
出生年月： 政治面貌： 毕业时间：
手机号： 学历：
邮箱：
贴照片处

求职意向

教育背景

实践经历

专业技能

获奖情况

自我评价

图 1-14 求职简历参考模板

巩固与练习

1．选择题

（1）【单选】电子商务文案的作用不包括（　　　）。

　　A．增强消费者信任

　　B．促进宣传推广，实现与消费者的沟通与互动

　　C．提升品牌形象，积累品牌资产

　　D．引导消费者给予好评，促进商品的销售

（2）【单选】（　　　）是为品牌服务的，以提升品牌形象，提高品牌美誉度等为目的的文案类型。

　　A．展示类电子商务文案　　　　　　　B．品牌类电子商务文案

　　C．推广类电子商务文案　　　　　　　D．消费类电子商务文案

（3）【多选】电子商务文案按表现形式的不同可以分为（　　　）。

　　A．文字式电子商务文案　　　　　　　B．图片式电子商务文案

　　C．视频式电子商务文案　　　　　　　D．音频式电子商务文案

（4）【多选】电子商务文案岗位一般对（　　　）等方面有要求。

　　A．学历　　　　　B．专业　　　　　C．经验　　　　　D．能力

2．填空题

（1）电子商务文案是 _____ 和 _____ 的结合，是服务于电子商务的新型广告。

（2）_____ 一般会详细描述商品或活动的基本信息、商品卖点等，以促进商品的销售。

（3）_____ 是网络敏感度的简称，指的是文案人员对网络流行热点的快速反应能力。

3．判断题

（1）电子商务文案只能用于促进商品的销售。　　　　　　　　　　　　　（　　　）

（2）常见的展示类电子商务文案包括商品详情页文案、活动海报文案等，商品评价回复文案不属于展示类电子商务文案的范畴。　　　　　　　　　　　（　　　）

（3）企业一般倾向于选择广告、新闻、中文、市场营销等专业的人员任职电子商务文案岗位。　　　　　　　　　　　　　　　　　　　　　　　　　　　（　　　）

4．实践题

（1）在网上搜索并查看珀莱雅发布的名为"醒狮少女"的电子商务文案，试着判断该电子商务文案的类型和作用。

（2）图1-15所示为某汝窑茶杯的电子商务文案，请判断该电子商务文案的类型。

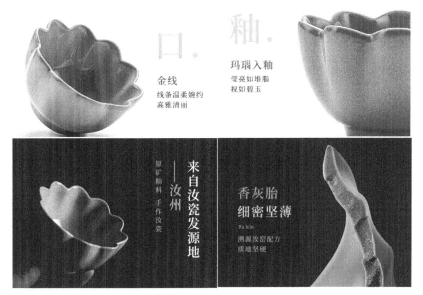

口.

釉.

金线
线条温柔婉约
高雅清丽

玛瑙入釉
莹亮如堆脂
视如碧玉

原矿釉料 手作汝瓷

来自汝瓷发源地
——汝州

香灰胎
细密坚薄
Ru kiln
溯源汝窑配方
质地坚硬

图1-15　某汝窑茶杯的电子商务文案

（3）在招聘网站中选择符合自身情况的电子商务文案岗位，判断自身条件与任职要求是否有差距，如果有差距，试着制订一个有关知识、能力方面的提升计划。

第2章 电子商务文案策划与写作的前期准备

案例引入

　　百雀羚创立于1931年，是一个老"国货"品牌。随着"90后""00后"逐渐成为主力消费群体，为了保持品牌活力，百雀羚开启了转型之路。在经过一系列市场分析与调研后，百雀羚发现"90后""00后"等消费群体更喜欢轻松、可爱、新鲜的事物。因此，百雀羚便更新了品牌形象，调整了商品定位，创作了一系列符合年轻人价值观和生活方式的电子商务文案，如《四美不开心》《过年不开心》《韩梅梅快跑》等，一次次刷新了大众对其"传统老式'国货'品牌"的认知，不仅吸引了许多消费者的关注和喜爱，还促进了旗下商品的销售。

　　俗话说"凡事预则立，不预则废"。结合百雀羚的经历可以发现，要创作出消费者喜爱的电子商务文案，搞好品牌建设，做好电子商务文案策划与写作的前期准备工作十分重要，包括市场分析与调研、商品卖点提炼和创意策略选择等。

学习目标

- 掌握市场分析与调研的方法，学会分析市场行情、竞争对手和消费者。
- 掌握提炼商品卖点的方法。
- 掌握电子商务文案的创意策略选择方法。

素养目标

- 培养保护个人信息的意识，树立正确使用个人信息的观念。
- 培养理性消费的观念，以及营造风清气正网络环境的意识。

2.1　市场分析与调研

电子商务文案需要为品牌带来商业利益。因此，在策划与写作电子商务文案前，文案人员有必要对市场行情、竞争对手、消费者进行分析与调研。

2.1.1　市场行情分析

市场行情分析是指通过调查，了解市场的行业现状、竞争格局及发展趋势，从而帮助品牌了解市场信息，正确认识自身所处的行业，以更好地制定电子商务文案策划与写作的方向。一般来说，文案人员可以通过社会调研或者专业数据机构（如艾媒网）等渠道获取相关市场信息，再进行分析；也可以直接使用数据工具（如百度指数、巨量算数等）分析市场行情。

范例　某智能家居品牌推出了一款智能扫地机器人，为了更好地制定销售策略，写作电子商务文案，文案人员可通过百度指数查看智能扫地机器人近段时间的市场行情，并进行分析。首先进入百度指数官网，在搜索框中输入"智能扫地机器人"，按【Enter】键进入搜索结果界面查看该关键词的搜索指数（见图2-1）、相关词热度（见图2-2）、人群属性等（见图2-3），进而分析市场行情。

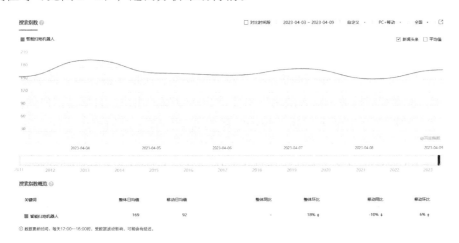

图2-1　"智能扫地机器人"的搜索指数

> 👤 **专家点拨**
>
> 百度指数的搜索指数反映了该关键词的用户关注度和网络曝光率，其以用户在百度的搜索量为数据基础，以关键词为统计对象。

图2-1显示了2023年4月3日~2023年4月9日"智能扫地机器人"关键词在全国范围内的搜索指数趋势图，以及各种日均值和同比（与不同年份的同一时期做比较）、环比（与前一个相邻的时期做比较）变化数值。从图中可以看出，该关键词的搜索热度较

上一周期有所上升，但相比去年同期有所下降。

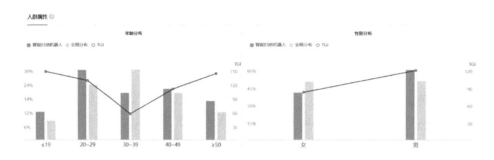

图 2-2 "智能扫地机器人"的相关词热度

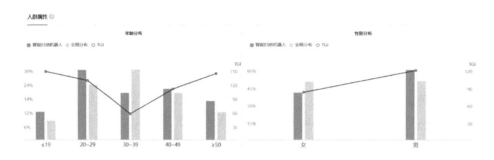

图 2-3 "智能扫地机器人"的人群属性

图 2-2 显示了"智能扫地机器人"的相关词热度。从图中可以看出，智能扫地机器人的相关词包括头号玩家、扫地机器人、智能电视、智能马桶等，说明搜索智能扫地机器人的用户对智能家居类商品较为关注。

图 2-3 显示了搜索"智能扫地机器人"的人群属性，包括年龄分布、性别分布。从图中可以看出，搜索智能扫地机器人的用户主要是 20~49 岁的用户，且男性用户的占比较高。

结合以上数据和分析结果可知，智能家居类商品仍有一定的市场空间，且与相关商品的关联性较强，在后续销售时，品牌可以采用关联销售策略，结合智能扫地机器人和其他有热度的智能家居类商品，打造智能场景，带动其他智能家居类商品的销售。

2.1.2　竞争对手分析

了解和分析竞争对手，能让文案人员更清楚如何实现突破，找出消费者购买文案所推荐商品或服务的原因，明确品牌自身的优势。文案人员要想进行竞争对手分析，首先要学会圈定竞争对手，然后使用分析方法进行详细分析。

1. 圈定竞争对手

在电子商务环境中，同一品牌的竞争对手可能有无数个，文案人员可以从商品、价格、销量等方面来圈定竞争对手。

（1）商品

以商品圈定竞争对手，需要明确品牌自身特点与竞争对手特点之间的异同，通过个体差异化来突出自身的优势，即通过商品的具体属性来筛选竞争对手，然后从筛选结果中找到与品牌商品差异化最明显的竞争者。以女装为例，在淘宝中直接搜索女装可以发现该类目下的商品数量非常多，此时，如果加入商品属性和特点作为筛选条件，如款式、风格、品牌、材质等，就会相对精确地筛选出具有相同商品属性的竞争对手。

（2）价格

价格是决定商品销量的一大因素。品牌在进行商品定价时一般需要分析全网商品的价格，并结合自身情况进行定价。确定价格后，在选择竞争对手时，品牌需要在该价格的可承受范围内选择合适的竞争对手，一般来说，建议价格上下浮动不超过20%。

（3）销量

根据销量来圈定竞争对手，需要在商品和价格的基础上，综合考虑销量来圈定竞争对手，即根据商品的平均销量，选择几个和自身品牌销量相近的品牌作为竞争对手。

2. 分析竞争对手

文案人员可以使用 SWOT 分析法来分析竞争对手。SWOT 分析法是一种基于内外部竞争环境和竞争条件的态势分析方法，除了用来进行自我分析外，也常用来分析竞争对手。SWOT 由 4 个英文单词的首字母组成，分别为 strengths（优势）、weaknesses（劣势）、opportunities（机会）、threats（威胁）。SWOT 分析法可用于系统分析竞争对手的优劣势、机会和威胁，具体内容如下。

- S（优势）。分析竞争对手的优势，在成本、营销手段、品牌影响力及商品本身等方面有什么长处，有哪些是竞争对手能做而本品牌做不到的。
- W（劣势）。分析竞争对手不擅长的地方或缺陷。同时，还要分析消费者反馈的不足之处，总结失败的原因。
- O（机会）。分析竞争对手有什么发展机会，包括消费者观点的变革、商品的更新换代、新的营销手段的出现、销售渠道的拓宽等。
- T（威胁）。分析有哪些因素会不利于竞争对手的发展及其商品的营销，这些因素包括最新的行业发展、国家政策、经济形势等，然后分析是否有规避的方法。

范例 华业乳业是一个乳制品品牌，创建于 1991 年。经过多年的发展，华业乳业已经成为乳制品行业市场占有率较高的品牌之一，并在我国多地建立了奶源基地，拥有优质牧场近 200 个，资产规模、商品销量和销售额均位于我国乳制品行业市场的前列。另外，凭借优质的商品及服务，华业乳业还与许多体育赛事展开了合作，打造了多款热卖商品。已知华业乳业的最大竞争对手是光明乳业，下面使用 SWOT 分析法对其竞争对手光明乳业展开详细分析。

- S（优势）。光明乳业起源于 1911 年，拥有 100 多年的历史，是我国知名乳制品品牌；多年来品牌形象良好，健康、新鲜的品牌形象深入人心；拥有众多忠诚消费者；有自己的研究院和研究团队，拥有技术优势；旗下品牌众多；

创建了众多的物流配送中心，使商品品质获得保障。

- **W（劣势）**。在华东地区市场份额占比较高，但在其他地区的占比较低；光明乳业主打新鲜乳制品，由于成本等因素，商品价格也相对较高。
- **O（机会）**。低温乳制品市场呈高增长趋势，光明乳业在低温乳制品市场上占据了优势地位。
- **T（威胁）**。伊利、蒙牛近年来都加强了对乳制品的开发研究，给光明乳业带来了较大的威胁和压力。除此之外，国外的乳制品品牌也纷纷进入我国乳制品市场，也给其造成了一定的威胁和压力。

总体来说，光明乳业的竞争优势在于良好的品牌形象、先进的生产技术等，对此华业乳业的竞争压力较大。要想找到差异化的突破点，取得竞争优势，华业乳业可以从本品牌的优势和光明乳业的劣势入手，制定相关战略，撰写电子商务文案。例如，华业乳业可以在电子商务文案中重点宣传自己的优势，如优质奶源（有优质牧场），并发布与体育赛事相关的电子商务文案，借助体育赛事相关的热度带动商品销售，提高品牌影响力。

> **专家点拨**
>
> 　　除了SWOT分析法，文案人员还可以根据百度指数、商品详情页等来分析竞争对手。用百度指数分析竞争对手，可以在百度指数中输入竞争对手的名称，查看竞争对手近期的搜索热度变化，分析其热度上涨或下降的原因。用商品详情页分析竞争对手，可以查看竞争对手商品详情页中商品的销售数据、介绍、规格与包装、评价等，然后将其与自身品牌的商品对比，找出差异，明确文案写作与优化方向，最终提高品牌商品的销量和转化率。

2.1.3 消费者分析

消费者是电子商务文案的主要接收者，文案人员要想写出洞察消费者心理诉求的内容，还需要分析消费者，明确"创作的电子商务文案给谁看""什么样的电子商务文案能吸引消费者"等问题。

1. 目标消费人群画像

任何商品都有其针对的、固定的消费群体。文案人员要想分析消费者，首先要有清晰的目标消费人群画像。目标消费人群画像是根据目标消费人群的基本属性、生活习惯和消费行为等信息而抽象出的标签化模型。文案人员可以通过电子商务平台中的数据分析工具来快速获取目标消费人群画像，如淘宝的生意参谋等。

范例　优优是一家销售箱包的淘宝网店的文案人员，为了写出符合消费者心理诉求的商品详情页文案，她准备利用生意参谋获取目标消费人群画像。具体步骤为：通过千牛客户端进入生意参谋，依次单击"市场"选项卡和"搜索人群"选项卡，在搜索框中输入关键词，即可获取搜索相关关键词的人群画像。图2-4所示为搜索"行李箱"的人群画像部分示例。从图中可以看出，搜索"行李箱"的人群的性别、年龄、地域分布，以及品牌偏好、类目偏好等信息。

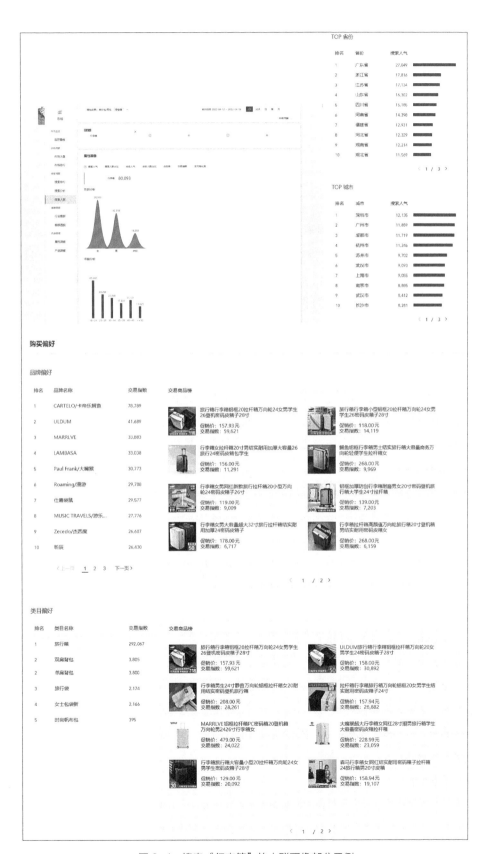

图 2-4 搜索"行李箱"的人群画像部分示例

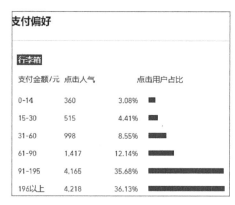

图2-4 搜索"行李箱"的人群画像部分示例（续）

从图中可以看出，搜索"行李箱"的人群主要是18~34岁的年轻人，且女性的占比较大，多分布在深圳、广州、成都等城市，偏好价格为91~195元和196元及以上。于是优优就可以将该类人群作为目标消费人群。

2．购买动机分析

消费者在选购商品时都有促使其做出购买决策的驱动力，这就是所谓的购买动机。文案人员要想创作出能吸引消费者的电子商务文案，就要站在消费者的立场上，分析不同环境下目标消费人群的购买动机，找到消费者真正"想要"或"渴望"的内容。

消费者的购买动机主要有感情动机、理智动机和信任动机3种。文案人员需要了解各类购买动机，并充分结合消费者的情感诉求，找到文案写作的方向。

（1）感情动机

感情动机即消费者出于感情需要而引发的购买欲望，可以细分为情绪动机和情感动机两种。其中，情绪动机是由消费者的喜怒哀乐而引发的购买意愿，情感动机是由爱情、亲情、友情等内心情感引发的购买意愿。针对具有这类动机的消费者，文案人员在写作文案时就可以结合消费者的情感诉求，尽可能激发消费者的情感共鸣，做到以情动人，进而增强消费者对品牌或商品的好感。

（2）理智动机

理智动机指消费者对商品有较清醒的了解和认知，在此基础上经理性抉择后产生购买意向，并做出购买行为的购买动机。拥有理智动机的消费者往往心理成熟，具有周密性、控制性、客观性等性格特点，知道自己该买什么、不该买什么。求实、求新、求优、求简、求廉等都属于理智动机。一般来说，具有理智动机的消费者很少购买自己不需要的商品。那么文案人员在创作时可以结合品牌定位直接体现商品核心卖点，打动目标消费人群。

（3）信任动机

信任动机是消费者基于对品牌或商品的信任而产生的购买动机。针对具有这类动机的消费者，文案人员需要注意抓住对方产生信任的原因，如品牌形象、商品质量等，并在文案中加以体现。

3．消费心理分析

消费心理就是消费者在购买商品过程中产生的一系列心理活动。通过分析消费者的消费心理，文案人员可以准确地掌握其购买行为规律，创作出对消费者更有吸引力的电子商务文案。

（1）好奇心理

好奇心理是每个人都会有的一种心理，但不同人的好奇心理的强烈程度不同，因此也会导致不同的购买行为。对于消费者而言，他们总会对少见、超常规、奇异、独特的商品表现出浓厚的兴趣。针对有这类消费心理的消费者，文案人员可以在文案中着重体现商品的新颖性与创意性，或采用制造悬念等方式，让消费者对文案或文案中的商品产生好奇心理，从而促使消费者关注或购买。

范例 图 2-5 所示为五芳斋发布的微博文案，该文案通过"人类的下一个宇宙的循环"等表述制造了悬念和神秘感，让消费者对视频产生好奇心理，吸引消费者查看视频。

（2）从众心理

从众心理即"随大流"心理，是指消费者在社会群体或周围环境的影响下，不知不觉或不由自主地与多数人保持一致的社会心理现象。拥有这种消费心理的消费者，偏爱购买流行的或大多数人都在使用的商品。针对有这类消费心理的消费者，文案人员可以通过宣传商品销量、渲染商品热度等促使消费者购买。

范例 图 2-6 所示为海尔冰箱的部分商品详情页文案，文案表明了该商品的销量特别高，累计销量突破了 50 万台，可以很好地激发拥有从众心理的消费者的购买欲望。

图 2-5　五芳斋微博文案　　　　　图 2-6　海尔冰箱的部分商品详情页文案

（3）实惠心理

具有实惠心理的消费者通常追求物美价廉的商品。针对有这类心理的消费者，文案人员可以在电子商务文案中，通过展示或对比商品的效用、功能和价格等，来突出商品的高性价比，或在适当的时候进行有奖销售或赠送礼品。

范例 图 2-7 所示为 OPPO 发布的海报文案，"优惠 50 元""赠蓝牙耳机"等文字能很好地吸引具有实惠心理的消费者。

（4）求美心理

求美心理是一种关注商品欣赏价值或艺术价值的消费心理，有这种心理的消费者可能既关注商品是否实惠耐用，又关注商品是否美观（是否具备造型美、装饰美或包装美等）。针对有求美心理的消费者，文案人员可以在电子商务文案中强调商品的欣赏价值。

范例 图 2-8 所示为某品牌冰箱的部分商品详情页文案，"柔美月光银 轻柔提升厨居质感"等文字强调了商品的外观美，对拥有求美心理的消费者有一定吸引力。

（5）崇名心理

崇名心理是指倾向于购买知名品牌或高档商品的消费心理。拥有这类心理的消费者往往非常注重商品的品牌，通过购买知名品牌的商品来彰显自己的购买力。针对有崇名心理的消费者，文案人员可以在电子商务文案中体现品牌影响力、品牌态度或商品品质，彰显商品实力。

图 2-7　OPPO 发布的海报文案

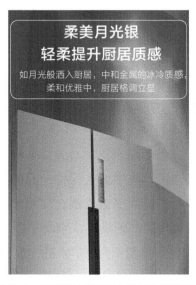

图 2-8　某品牌冰箱的部分商品详情页文案

（6）名人心理

名人指各行各业中受广泛关注的个体，与名人心理相对应的是名人效应。名人效应是名人的出现所造成的引人注意、强化事物或扩大影响的效应，是追崇名人的心理现象的统称。因此，因名人心理产生的消费行为也可以看作对名人效应的实践。针对拥有这类消费心理的消费者，文案人员可在电子商务文案中加入商品或品牌代言人。

（7）求异心理

求异心理是指消费者追求个性化，寻求彰显与众不同的个人品位的消费心理，其主要表现为"我要和别人不一样"。

范例 Jeep 的品牌文案"大众都走的路，再认真也成不了风格"，不仅彰显了其与众不同的品牌形象，又满足了消费者追求个性化的心理需求。

> **课堂讨论**
>
> 你会因为什么原因购买商品？你的消费心理属于哪一种类型？

素养课堂

在互联网营销时代，文案人员不管针对具有哪种消费心理的消费者撰写电子商务文案，都应当注意内容导向的正确性和积极性，要引导消费者树立正确的消费观和生活观，倡导理性消费。

2.1.4　市场调研

市场调研是有目的地、系统地收集市场信息，分析市场情况，从而为营销决策提供客观、正确资料的调查研究活动。开展市场调研，不仅可以为电子商务文案的策划与写作提供科学依据，还可以为电子商务文案的创意和设计提供实际素材。目前而言，市场调研的方式主要有直接调研和间接调研两种。

1．直接调研

直接调研主要用于搜集一手资料或原始信息，如街头采访、电话访问、邮件访问、线上观察、问卷调查等都属于直接调研。其中，问卷调查最为常见，文案人员可以内嵌调查问卷到品牌官网或官方社交媒体账号中，并提供填写问卷的福利或报酬，以提高消费者答卷的概率。

需要注意的是，问卷通常都有一定的主题，主要由一系列问题、备选答案和其他辅助内容组成，以向消费者搜集品牌需要的资料，题型包括单选题、多选题和问答题等。另外，问卷还需要设计一个明确的调研标题，直接表明调研的主题，问卷开头需要有问候语或致谢语，并说明本次调研的主体单位、调研目的、调研意义等，或说明对数据将保密，以消除消费者的顾虑。同时，若有其他要求（如问卷填写注意事项和回收要求等），也可在问卷开头予以说明。图2-9所示为良品铺子发布的调查问卷，调研目的是进一步了解和分析零食行业现状和前景、消费者的消费动机。

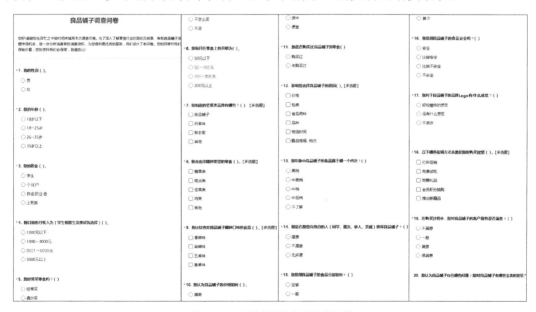

图2-9　良品铺子发布的调查问卷

2．间接调研

间接调研是利用已有的、针对特定调查目的收集整理过的各种现成资料，进行分析与研究的方法，也称二手资料调研法。例如，参考商品开发时的商品调研资料、内部过往同类商品的相关文案创作资料；在搜索引擎中输入关键词查找资料；利用线上数据库查找资料等，均属于间接调研。

一般来说，许多专业数据机构会定期向公众发布研究报告，如艾媒网、艾瑞网、中国互联网络信息中心等。这些数据机构发布的报告具有较强的专业性、权威性，利用价值很高。文案人员可以利用这些数据机构发布的相关报告来开展市场调研。

素养课堂

在市场调研的过程中，文案人员在对消费者个人信息进行收集使用时，应当保证公开收集、规范使用，不得违反法律、法规的规定和双方的约定，更加不能非法买卖、提供或者公开消费者个人信息。

2.2 商品卖点提炼

商品卖点是商品具有的"人无我有，人有我优，人优我特"的特点，在写作电子商务文案前对商品卖点进行提炼，有利于文案人员写出更能体现商品价值的文案，提升文案对消费者的吸引力。

微课

2.2 商品卖点提炼

2.2.1 使用FAB法则提炼商品卖点

FAB法则，即属性（feature）、作用（advantage）和益处（benefit）法则，是一种说服性的销售技巧，也可以用来提炼商品卖点。表2-1所示为FAB法则的详细解释。

表2-1 FAB法则的详细解释

内容	解释
属性（feature）	商品的特征、特点，是商品最基本的功能之一。主要从商品的材质、制作技术、功能等角度进行提炼，如体积小等
作用（advantage）	商品特征、特点发挥的作用。可从消费者的角度来考虑，如商品方便携带等
益处（benefit）	商品的特征、特点带给消费者的益处。应该以消费者利益为中心，强调消费者能够得到的利益，以激发消费者的购买欲望，如价格便宜等

范例 以某品牌智能洗地机为例，该洗地机的整机重量仅3千克，并且采用双向悬浮助力技术，助力前后滚动；整机吸力达18000Pa，洗地不留水渍；机器使用完后放回底座，一键开启自清洁功能。采用FAB法则提炼该智能洗地机的卖点，可以得到表2-2所示的内容。

表2-2　智能洗地机的卖点

内容	卖点1	卖点2	卖点3
F	机身轻便	吸力强劲	一键自清洁
A	单手持握	轻松吸尘	轻松省事
B	轻松打扫不费力	干净不留渍	免去手洗烦恼

2.2.2　使用九宫格思考法提炼商品卖点

九宫格思考法是一种利用九宫格矩阵发散思维，创造卖点的方法，文案人员也可以用其来快速提炼商品卖点。利用九宫格思考法提炼商品卖点的操作步骤如下。

- **第一步**：拿一张白纸，先画一个正方形，然后将其分割成九宫格，再将主题（商品名等）写在正中间的格子内。
- **第二步**：将与主题相关的，可帮助此商品销售的众多卖点写在旁边的8个格子内，尽量凭直觉写，如图2-10所示。
- **第三步**：反复思考、自我辩证，查看这些卖点是否必要、明确，内容是否重合，据此进行修改，一直修改到满意为止；若商品的卖点很多或某个卖点还可以延伸，一个九宫格不够用，可多画几个九宫格，再去粗取精。

九宫格的填写方法有两种，一种是以中央为起点，按顺时针方向在格子中依次填入各卖点，这一方法可以帮助文案人员了解自己对商品不同卖点的了解程度；另一种是不考虑商品与卖点的关系随意填写。

　　范例　以某品牌智能空调为例，该智能空调能效值高达5.28，属于一级能效，就算是放在大空间中也能快速制冷制热，并且节能省电，高频启动开机速度快；采用3重降噪技术，使用消声翼型风扇和新型加厚隔音棉，能有效阻隔压缩机运行时的噪声；健康送风，热干燥防霉，独立除湿；机身为白金色，美观大气，占地面积仅1平方米，可以为家居增加光彩和灵动感；方便快捷，下载××App，通过手机就能操控，所有功能仅靠手机就能搞定；服务网点覆盖全国，专业人员急速上门免费安装和进行售后处理。采用九宫格思考法提炼该品牌智能空调的卖点，可以得到图2-11所示的内容。

卖点	卖点	卖点
卖点	商品名	卖点
卖点	卖点	卖点

图2-10　填写商品卖点

节能省电	轻音低噪	智能操控
美观大气	智能空调	占地面积小
健康送风	防霉除湿	贴心服务

图2-11　九宫格思考法

👤 **专家点拨**

在写作电子商务文案的时候，文案人员无须将九宫格中的卖点都体现出来，可根据电子商务文案的类型做选择，如海报文案需要的卖点就很少，但商品详情页文案或微信公众号文案等长篇幅的电子商务文案则需要较多卖点。

2.2.3 使用要点延伸法提炼商品卖点

要点延伸法是将商品卖点单个排列开来，再针对单个卖点展开叙述的方法，具体如图 2-12 所示。与 FAB 法则和九宫格思考法不同，要点延伸法主要是对商品卖点进行展开和内容扩充，它可以使文案内容更加详细。因此，要点延伸法常被用于商品详情页文案写作。

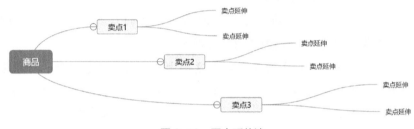

图 2-12　要点延伸法

范例　如果要使用要点延伸法为某款背包提炼卖点，卖点 1 是"简单易搭"，其延伸内容可以为"10 种颜色任选，上班、逛街购物和旅行度假均可使用，随走随背"；卖点 2 为"性价比高"，其延伸内容可以为"低至 3 折，只要 99 元，性价比高"等。

 阅读与思考：不是所有大米都叫岛米——崇明岛

"崇明岛"是大米界的一个黑马品牌，源自中国的第三大岛——上海崇明岛。崇明岛地处亚热带，气候温和湿润、四季分明。由于得天独厚的地理位置和亚热带季风气候，崇明岛产的大米与其他地区产的大米有所不同。为了与市面上的大米形成差异，"崇明岛"就以崇明岛独特的地理位置和气候条件为卖点，将其打造成了高端大米品牌，还打出了"不是所有大米都叫岛米"的品牌标语。也正因为如此，"不是所有大米都叫岛米"，就成了"崇明岛"独特的品牌标签。图 2-13 所示为"崇明岛"的部分商品详情页文案，从图中可以看出，其文案也是围绕产地、种植方式等卖点撰写的。

思考：（1）大多农产品品牌会将地域作为农产品的一大卖点，这样做有什么好处？（2）以地域为卖点的品牌还有哪些？

图 2-13　"崇明岛"的部分商品详情页文案

2.2.4　围绕商品属性提炼商品卖点

商品属性主要包括商品价值属性、商品形式属性、商品期望属性和商品延伸属性。围绕商品属性提炼卖点能让消费者看到商品的实用价值，让消费者对购买有信心。

- **商品价值属性**。指商品的使用价值，是商品本身具有的能够满足消费者需求的属性。例如，洗衣机的商品价值属性是洗衣服，则卖点可描述为"净柔兼备""劲洗更护衣"等。
- **商品形式属性**。指商品使用价值得以实现的形式，包括外形、手感、重量、体积、包装等。例如，某品牌行李箱展现的"提拎不费力"就体现了重量这一商品形式属性。
- **商品期望属性**。指消费者所期望的商品具备的一系列条件。不同的消费者对同一款商品有不同的期望。例如，就洗衣机而言，除了洗涤、甩干外，有些消费者还希望其具有烘干、消毒等功能，那么烘干、消毒等就是商品期望属性。
- **商品延伸属性**。指商品的附加价值，如品牌、荣誉、服务等。

范例　某品牌电动牙刷有灰色、粉色和蓝色 3 种颜色，其外观设计灵感来自竹子，为竹节款式；牙刷头为小圆头设计，采用 3D 声波洁齿科技，能 360 度清洁牙齿，振频达到 38000 次／分钟；牙刷有日常清洁模式、牙龈按摩模式、敏感护理模式、亮白模式，消费者可以根据自己的需求自由选择；提供全国 2 年联保，非人为因素损坏，只换不修。那么，文案人员通过商品属性提炼商品的卖点时，可以得到表 2-3 所示的内容。

表2-3　某品牌电动牙刷的卖点

商品属性	卖点	商品属性	卖点
商品价值属性	清洁牙齿，不留死角	商品期望属性	清洁模式多样
商品形式属性	竹节设计，新颖、个性	商品延伸属性	全国2年联保

2.3　创意策略选择

创意是文案写作过程中的关键因素，也让无数文案人员头疼。实际上，创意的生成有一定的章法可循，头脑风暴法、5步创意法、金字塔原理法等都是常用的创意方法，文案人员可以任选其中一种方法来快速生成创意。

微课

2.3 创意策略选择

2.3.1　头脑风暴法

头脑风暴法是一种开发创造性思维的训练方法，是指一群人（或小组）围绕一个特定的兴趣或领域，无限制地自由联想和讨论，进而产生新观念或激发新设想的方法。头脑风暴法通常以会议的形式实施，因此需要按一定的程序和步骤推进。一般来说，头脑风暴法的实施流程主要包括准备阶段、畅谈阶段和评价选择阶段。

1．准备阶段

在准备阶段，文案人员主要有以下3项工作要做。

● 明确会议需要解决的问题和与会人员的数量，提前向与会人员通报会议议题。

● 确定会议的主持人和记录者。主持人要彻底掌握头脑风暴法的基本原则和操作要点，并能够营造融洽的、不受限制的会议气氛；记录者要认真记录，便于会后总结。

● 确保与会人员提前掌握与会议议题相关的基础知识。

2．畅谈阶段

该阶段是头脑风暴会议的关键阶段。由主持人引导与会人员围绕会议议题进行自由发言，提出各种设想，并相互启发、相互补充，尽可能做到知无不言、言无不尽；记录者需将所有设想都记录下来。当与会人员无法再提出新设想时，该阶段结束。

> 👤 专家点拨
>
> 在畅谈阶段，与会人员可以围绕主题采用5W1H法思考，即what（是什么商品）、who（是谁使用）、where（在哪里使用）、why（为什么使用）、when（什么时间使用）、how（使用效果如何），得出关于电子商务文案的更多设想或关键词。另外，还可以结合微博热搜、百度热搜等来获取与补充关键词，为文案的创意设想提供更多选择。

3．评价选择阶段

讨论结束后，相关人员对提出的所有设想进行分类和组合，形成不同的方案。这一阶段需要全面评价每一个设想。评价的重点是该设想实现的限制性因素及突破限制性因素的方法。在评价过程中，可能会产生一些可行的新设想。按照此方法不断优化方案后，相关人员选择受大家认可的方案。如果没能形成令人满意的方案，可再次开展头脑风暴会议。

2.3.2　5 步创意法

美国的詹姆斯·韦布·扬（James Webb Young）在谈论具体的创意步骤前，特别强调了广告创意的两项重要原则：一是创意是对原来的旧的要素做新的组合；二是影响创意能力大小的关键在于对事物间相互关系的了解的多少。基于这两项原则，詹姆斯·韦布·扬提出了 5 步创意法，即用 5 个步骤完成广告创意。5 步创意法同样适用于电子商务文案的创意写作，具体的步骤如下。

1．收集资料

收集资料是指对原始资料的收集。原始资料通常分为一般资料和特定资料。一般资料是指一切消费者在日常生活中感兴趣的事物，特定资料是指与商品或品牌有关的各种资料。电子商务文案创作所需的素材大多从这些资料中获得，因此要想获得有效的、理想的创意，原始资料必须丰富。

2．检查资料

这个阶段是一个反复思考的过程，要求文案人员思考和检查原始资料，理解和分析所收集的资料，寻找资料间的关系，找出创意的主要诉求点。

3．酝酿孵化

酝酿孵化是相对轻松的阶段，这个阶段主要基于个人的思维能力及前期的准备工作。一般情况下，在这个阶段，文案人员不需要做其他事情，顺其自然即可。简而言之，就是将问题置于潜意识之中，不可以去思考研究。这时候，可以做其他的事情，如看书、写字，等待资料的"孵化"。

4．产生创意

詹姆斯·韦布·扬认为，如果文案人员认真踏实、尽心尽力地完成了上述 3 个步骤，那么，第四步也会自然而然地完成。即创意通常都是在不知不觉中产生的，因为"无意识思维"状态是创意到来的最佳状况。换言之，创意往往是在竭尽心力，停止有意识的思考，经过一段停止搜寻的休息与放松后出现的。

5．修正创意

前面 4 个步骤产生的创意只存在于大脑中，是理论上的，并且不一定成熟和完善。若想使创意符合具体条件或实际要求，更加成熟、完善，通常还需要将创意输出到纸稿上，并进一步修正。

2.3.3 金字塔原理法

文案人员在进行文案创意思考时，如果得出的创意散乱且缺乏逻辑，就可以采用金字塔原理法梳理创意，让其逻辑清楚、条理明晰。

金字塔原理法以结果为导向来论述过程，是对写作思想的逻辑阐述，一般按照纵向、横向或从上往下的结构层次来阐述。简单来说，就是利用论点来推导论据，一个论点有几个论据支撑，每个论据下还可以有支撑它的多个论据，就这样形成一个金字塔结构，如图 2-14 所示。金字塔结构有利于文案人员快速明白并找准文案的主题和中心论点。在这样的结构中，论点不能重复，论据之间各自独立。

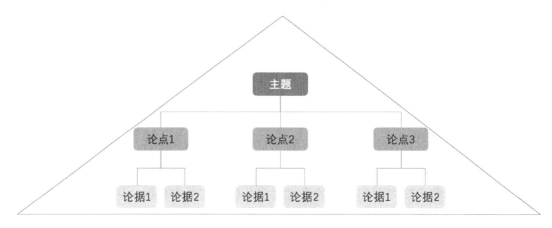

图 2-14　金字塔结构

范例　某羽绒服的宣传主题为"保暖又时尚"，那么论点 1 可以是"属性"，论点 2 可以是"设计"，论点 3 可以是"材质"，再分别根据各论点列出论据。就论点 2"设计"来说，其论据可以是"帽子可拆卸""立领设计"等与羽绒服设计相关的内容。

📈 同步实训：为会理石榴的推广文案写作做准备

【实训背景】

会理石榴是四川省凉山彝族自治州会理市的特产，也是国家地理标志产品。因果大、色鲜、皮薄、粒饱、汁多、籽软等特点，会理石榴深受广大消费者和销售商的欢迎。张力是会理石榴的销售商之一，除了将会理石榴销售给水果代销商、批发商以外，他还建立了一家销售会理石榴的网店，希望能在实现创业理想的同时，帮助当地种植户解决销售难题、拓宽销路，同时为乡村振兴贡献力量。临近会理石榴上市，张力打算发布一篇关于会理石榴的推广文案，将原价 20 元 500 克的会理石榴，以 7 折优惠价发售，助力店内会理石榴的销售。以下为网店销售的会理石榴的相关信息。

● 产自四川会理，种植地气候温和、四季如春，且土壤肥沃、日照时间长，非常利于石榴生长，因此品质较高。

- 个大，单果质量约重 500 克；果皮薄，非常容易剥开。
- 籽软，不用吐籽；颗粒大且晶莹剔透，甜度高达 18.8 度，香甜多汁。
- 采用物理除虫，人工套袋，无农药残留，且自然成熟。
- 富含维生素 C、糖类、蛋白质等多种营养元素，一般人群均可食用。
- 基地采摘后直接发货，且顺丰包邮，保证新鲜。
- 不新鲜或破损果包赔。

【实训要求】

（1）利用巨量算数了解会理石榴的市场行情。

（2）设计调查问卷完成会理石榴的市场调研。

（3）用九宫格思考法罗列会理石榴的卖点。

【实训步骤】

（1）进入巨量算数，单击页面顶部的"算数指数"选项卡，在打开页面的搜索框中输入"会理石榴"，了解会理石榴近 30 天的市场行情；然后在表 2-4 中填写会理石榴近 30 天的市场行情及其分析结果。

表 2-4　会理石榴近 30 天的市场行情及其分析结果

项目	市场行情及其分析结果
搜索指数	如搜索指数整体呈上升（或下降）趋势……
内容关联词（5 个即可）	
相关度排名（5 个即可）	
搜索人群的地域、年龄、性别分布	

（2）设计调查问卷。问卷开头先问候或致谢，并说明本次调研的主体单位、调研目的、调研意义等，或说明将对数据保密，以消除消费者的顾虑；问卷正文设计与消费者、商品、竞争对手等相关的内容，题型可以是单选题、多选题和问答题等，并且题目最好不超过 20 道。图 2-15 所示为部分调查问卷。

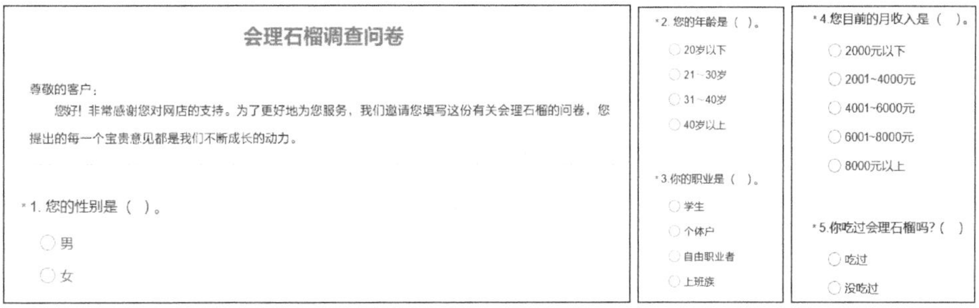

图 2-15　部分调查问卷

（3）用九宫格思考法罗列会理石榴的卖点。仔细阅读材料提供的会理石榴的信息，先在图 2-16 所示的九宫格中填写产品名称，然后将能够帮助会理石榴销售的众多卖点填写在剩余的 8 个格子中，如个大、香甜多汁等，再反复思考、自我辩证，确定最优卖点。

图 2-16 用九宫格思考法罗列会理石榴的卖点

巩固与练习

1. 选择题

（1）【单选】具有（   ）心理的消费者通常追求物美价廉的商品。

    A. 实惠   B. 好奇

    C. 求美   D. 从众

（2）【单选】FAB 法则中，F 代表（   ）。

    A. 属性   B. 作用

    C. 益处   D. 论据

（3）【单选】下列选项所列属性中，不属于商品属性的是（   ）。

    A. 商品价值属性   B. 商品理性属性

    C. 商品期望属性   D. 商品延伸属性

（4）【多选】消费者的购买动机主要包括（   ）。

    A. 感情动机   B. 理智动机

    C. 需求动机   D. 信任动机

（5）【多选】下列关于创意策略的说法中，不正确的有（   ）。

    A. 5 步创意法是集体开发创造性思维的训练方法，通常以会议的形式实施

    B. 金字塔原理法是对写作思想的逻辑阐述，它既可以体现一种纵向的关系，也可以体现一种横向的关系

C．头脑风暴法的实施流程主要有准备阶段、畅谈阶段和评价选择阶段

D．使用 FAB 法则进行创意联想时，需要归纳总结商品的优点

2．填空题

（1）_____是根据目标消费人群的基本属性、生活习惯和消费行为等信息，抽象而出的标签化模型。

（2）在开展市场调研时，文案人员可以参考_____、_____的方法来获取调研资料。

（3）FAB 法则，即_____、_____和_____法则。

3．判断题

（1）名人心理是指倾向于购买名人代言商品或知名品牌商品的心理。　　　　（　　）

（2）要点延伸法是将商品卖点单个排列开来，再针对单个卖点展开叙述的方法。　　　　　　　　　　　　　　　　　　　　　　　　　　　（　　）

（3）畅谈阶段是头脑风暴法的关键阶段。　　　　　　　　　　　　　（　　）

4．实践题

（1）请打开巨量算数网站，查询并分析"空气炸锅"的搜索指数和关联词热度，以及搜索该商品目标消费人群的地域、年龄、性别分布情况。

（2）请试着在电子商务平台中找出分别针对具有实惠心理、从众心理、名人心理和求美心理的消费者所撰写的电子商务文案。

（3）以下为某品牌保温杯的特点，请任选一种提炼商品卖点的方法为其提炼卖点。

● 杯盖处设置独立茶仓，可将茶水分离，饮茶时不会喝到茶叶。

- 内胆采用 316 不锈钢材质，在高温环境下也有很好的耐腐蚀性。
- 杯盖搭配硅胶密封垫，无异味、不漏水。
- 杯身采用喷塑工艺，磨砂质地，不冰手、不易滑落。
- 采用硅胶底垫，不易开裂，能有效防震、防摔。
- 简约美观，男女通用。
- 保温性能好，在气温为 20 摄氏度以下的环境中，密封装满 90 摄氏度左右的热水，放置 10 小时以上，温度仍可达到 45 摄氏度。

第3章 电子商务文案写作

案例引入

2022年1月，天猫围绕主题"新年更有新期待"发布了标题名为"因为过年了"的视频文案。该视频文案采用与朋友对话的形式，串接过年的场景，既有家人间温情脉脉的场面，又有买票奔赴的经典桥段，如"你可能又要和妈妈说都不贵，因为在你心里最贵的是她开心""回家的票可不好买，不知道你抢到没有"等。在述说了过年的场景后，视频文案结尾点明主题——新年更有新期待。相比其他品牌主打"团圆""温情"等主题，天猫打破惯性思维，以"期待"为主题，从多个期待过年的生活小场景出发，引导消费者产生共鸣，引起消费者对未来的信心和期待，显得更有创意，更能打动人心。因此，该视频文案一经发布，就引发了大量网友的关注和讨论，相关词条更是登上了微博热搜榜，为品牌带来了不少流量。

电子商务文案是推广商品、传达品牌理念、提升品牌形象的重要工具。虽然电子商务文案的类型多样，写法也各有不同，但各类型的电子商务文案写作仍具有一定的共通性，文案人员要想写出高质量的电子商务文案，需要掌握写作流程，以及标题和内文的具体写作方法。

学习目标

- 掌握电子商务文案的写作流程。
- 掌握电子商务文案标题的写作方法。
- 掌握电子商务文案内文的写作方法。

素养目标

- 增强电子商务文案写作的诚信意识和规范意识。
- 培养通过电子商务文案传播正能量、弘扬中华优秀传统文化的意识。

3.1 电子商务文案的写作流程

电子商务文案不是散文或随笔，其有一套连贯的写作流程。文案人员只有掌握电子商务文案的写作流程，才有可能写出一篇语言流畅、结构清晰、逻辑严密且满足消费者需求的电子商务文案。

3.1.1 明确写作目的

明确写作目的对电子商务文案写作有着指导性的作用。写作电子商务文案之前，文案人员必须明确写作目的：是促进商品销售，宣传品牌、与消费者互动，还是单纯的新品推广、活动推广等。写作目的不同，写作电子商务文案所运用的思路也就不同，图 3-1 所示为不同写作目的与其对应的写作思路。

图 3-1 不同写作目的与其对应的写作思路

范例 图 3-2 所示为不同服饰品牌发布的微博文案，左图的文案不仅详细说明了活动时间，还一一列举了活动优惠，体现了活动力度，非常有吸引力，显然是以活动推广为写作目的的文案；右图的文案则描述了新品与众不同的特点，包括"活里内胆设计""蓬松轻盈的发热棉"等，能很好地引起消费者对新品的关注，不难看出文案的写作目的是新品推广。

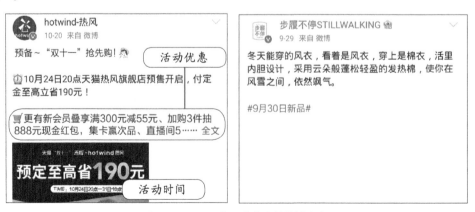

图 3-2 不同服饰品牌发布的微博文案

3.1.2 确定写作主题

电子商务文案的写作主题就是其要表达的核心思想，用于增强电子商务文案的诉求力，让消费者对商品或品牌有深刻的印象，产生购买的欲望。一般来说，写作主题应该与目标消费人群相关联，以引起这部分消费者的共鸣。例如，目标消费人群是学生，就可以选择与考试、就业、食堂等相关的主题；目标消费人群是成熟男性，就可以选择与职场、事业、婚姻等相关的主题。

范例 图 3-3 所示为小米发布的部分微信公众号文案，其写作目的是让消费者在国庆节期间购买商品，因此该品牌以"小米科技嘉年华"为主题展开写作，通过各种活动介绍和号召激发消费者的购买欲望，同时搭配买赠信息，增加文案的说服力和吸引力。

图 3-3 小米发布的微信公众号文案

3.1.3 拓展创意思维

优秀的电子商务文案不仅要有说服力，还要有传播力，而创意会直接影响电子商务文案的传播效果。文案人员明确写作目的和主题后，就需要思考如何才能写出与众不同的文案，此时就需要充分拓展创意思维，运用多种思维方式来激发想象力，探索创意途径。

1. 发散思维

发散思维也称扩散思维、辐射思维，其运用思路如下。

从已有的信息出发，不受已知或现存的方式、方法、规则和范畴的约束，尽可能从各个方向拓展思考，从而得出多种不同的设想或答案。

范例 图 3-4 所示为某款曲别针的功能介绍，不仅从曲别针的作用展开联想，如用来夹票据、做手机支架、做分页书签等，还从外观出发，介绍曲别针可以加工制成装饰品。

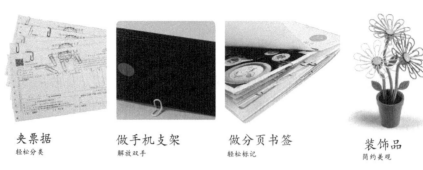

夹票据
轻松分类

做手机支架
解放双手

做分页书签
轻松标记

装饰品
简约美观

图3-4　某款曲别针的功能介绍

2．聚合思维

聚合思维也称求同思维、辐合思维，指从已知信息中产生逻辑结论，从现有资料中寻求正确答案的一种有方向、有条理的思维方式。聚合思维与发散思维正好相反，是一种异中求同、由外向内的思维方式，其运用思路如下。

在众多的信息里找出关键点，由此打造核心卖点。

范例　某款智能扫地机器人的商品卖点包括自动洗拖布、热风烘干拖布、清洗盘可拆洗、高速对旋、增压强擦、超声波自动识别、高清互动屏幕、智能语音操控等，但其促销海报文案（见图3-5）仅重点突出"自动洗拖布 全程不动手"这一卖点，其对卖点的取舍，实际上就是聚合思维的体现。

图3-5　促销海报文案

3．横向思维

横向思维是一种打破逻辑局限，将思维往更宽广领域拓展的前进式创意思维方式，其运用思路如下。

打乱原来明显的思维顺序，从另一个角度寻求新的解决办法。

范例　就洗发水而言，许多品牌都围绕商品的功能写作电子商务文案，如去屑控油等，而某品牌从另一个角度出发，提出"清洗头皮"的创意，让消费者关注洗发水和头皮健康的关系，从而关注其推出的无硅油洗发水。

4．逆向思维

逆向思维也叫求异思维，是对几乎已有定论的或已有某种思考习惯的事物或观点进行反向思考的一种思维方式。逆向思维也就是"反其道而行之"，其运用思路如下。

从常规思维的对立面着手，打破原有规则，得出新的想法与创意。

范例　"双11"促销活动开展前，许多品牌都会推出各种活动优惠和新玩法，以吸引更多消费者购买商品。但是，网易严选却在某年"双11"宣布退出"双11"促销活动，并发布相关文案，劝导消费者理性消费，同时表示不会有复杂的优惠玩法，但会准备力度很大的补贴，直接给予消费者较实惠的价格。

> **👤 专家点拨**
>
> 　　逆向思维也常常运用在电子商务文案的标题写作中。例如，常规的推广商品的文案标题大多会强调"平价好用，赶快购买"，而运用逆向思维的文案标题，则会使用"我后悔了""千万不要"等说法，如"买了这款水乳之后我真的太后悔了"，实际内文却说的是后悔太晚买了。这样的标题不仅可以吸引消费者的关注，提高电子商务文案的点击率，还会加深消费者对电子商务文案及商品的印象。

3.1.4　明确表达方式

确定了文案写作目的和主题后，文案人员就可以发挥创意，选择一种合适的表达方式进行文案创作了。电子商务文案的具体表达方式主要有以理服人、以情动人和情理结合3种。

> **✎ 课堂讨论**
>
> 你有喜欢的品牌吗？该品牌的电子商务文案多采用哪种表达方式？

1．以理服人

以理服人就是通过摆事实、讲道理的方式为消费者提供购买商品或服务的理由。这种表达方式大多需要客观真实、理性准确地传达商品或服务的功能性、实用性利益，为消费者提供有价值的信息。

一般来说，以理服人的表达方式可从以下3种角度切入。

角度一：用数据（或实验）说话。

示例："充电5分钟，通话2小时"。

角度二：直接讲事实。

示例："美团外卖，送啥都快"。

角度三：结合使用场景呈现实际利益点。

示例："怕上火，喝王老吉""百度一下，你就知道"。

范例　图3-6所示的某品牌平板拖把的部分商品详情页文案，就采用了以理服人的表达方式，通过吸水实验证明拖布的强大吸水性。

夹层设计，瞬间吸走污渍

图 3-6　某品牌平板拖把的部分商品详情页文案

2．以情动人

以情动人的表达方式不从商品本身的特点出发，而是运用商品所固有的或人为附加的情感因素来触动消费者的内心，引起消费者的共鸣。在这种表达方式下，消费者得到的是对商品的一种感性认知，这种感性认知可以改变消费者对商品或品牌的态度，从而使消费者对商品或品牌产生好感，其基本思路如下。

从消费者的情感需求出发，以人性化的语言打动消费者的内心，拉近与消费者的距离，使消费者与品牌之间建立情感联系，对商品或品牌产生情感化的偏爱。

以情动人常见的切入点有爱情、亲情、友情，以及情绪（如喜、怒、哀、乐）等。

范例　图 3-7 所示为某电器品牌发布的部分视频文案截图，文案以家为核心，用 6 道家常菜延伸出 6 个家庭的生活小故事，并自然地融入了商品。"感情总是越'炒'越好""嘴硬着跟你吵架心软着给你炒菜"等文字诉说了人们在唠叨、吵闹、怀疑等生活琐碎中饱含的爱意。这种以情动人的表达方式，不仅很好地引发了消费者的情感共鸣，还使品牌与消费者建立了情感联系，加深了消费者对商品的印象。

3．情理结合

情理结合的表达方式既需要以理服人，又需要以情动人。它可以灵活地运用以理服人的各种写法，也可以加入情感内容。因为兼具感性和理性，所以情理结合的表达方式非常受欢迎。但使用该表达方式的前提是商品或服务的特性、功能、实际利益与情感内容关联合理。其基本思路如下。

图 3-7　某电器品牌发布的部分视频文案截图

采用以理服人的表达方式传达客观信息，采用以情动人的表达方式引发消费者的情感共鸣。

范例　图 3-8 所示为某款按摩器的部分商品详情页文案截图，左图通过"让爸妈健康才是更好的孝心"等充满情感的文字来激发消费者对父母的情感；右图则通过数据和事实展现商品"便携设计""安全"等卖点。

图 3-8　某款按摩器的部分商品详情页文案截图

3.1.5　完善文案内容

确定好电子商务文案的表达方式后，文案人员便可以开始完善文案内容了，主要包括完善标题和内文两部分内容。其中，标题能使消费者对电子商务文案留下第一印象，要能够快速吸引消费者，并让消费者对文案内文产生兴趣，从而继续阅读；内文是消费者全面了解商品、品牌或活动等信息的主要途径，与标题相辅相成，构成消费者对商品、品牌或活动的最终印象。

范例　图 3-9 所示为网易发布的微信公众号文案，其标题"网易竟对 535 只猫做了这件事！"采用了设置悬念的方式，以激发消费者点击阅读；内文则一步步地向消费者解释清楚网易为什么要做这件事，从而解开标题中设置的悬念。文案从标题到内文都围绕"对535 只猫做了这件事"展开，主题明确，条理清晰。

图 3-9　网易发布的微信公众号文案

3.2 电子商务文案标题写作

消费者在浏览电子商务文案时，一般最先看到的就是标题。标题如果具有吸引力，就能在很大程度上吸引消费者的关注，使消费者产生阅读兴趣，最终达到宣传推广的目的。

3.2 电子商务文案的标题写作

3.2.1 电子商务文案标题的写作原则

标题的好坏直接影响着电子商务文案的点击率和推广效果。文案人员在写作电子商务文案标题时，应当遵循真实、有吸引力、用语通俗和用语规范的原则。

- **真实**。真实是写作电子商务文案标题的首要原则。标题应当真实有效，这样才能获得消费者的信任，与消费者建立起真实稳定的联系。如果电子商务文案的标题与实际内容不符，甚至断章取义、歪曲事实等，将会损害与消费者的关系，甚至严重影响商品或品牌的口碑。例如，"价值千万元的销售方法""喝了这款茶叶，她竟然一夜间瘦了10斤"等标题就违背了真实这一写作原则。

- **有吸引力**。吸引力强的电子商务文案标题，可以更大限度地激起消费者的阅读欲望，吸引消费者查看内文，因此文案人员应当让电子商务文案标题有吸引力。例如，文案人员可以在标题中说明优惠信息，或者设置悬念，使用生动、有趣的语言。

- **用语通俗**。用语通俗是指标题要去书面化，尽量使用通俗易懂的语言，降低消费者的阅读难度，帮助消费者节约阅读时间。在写作标题时，文案人员切忌使用长句和艰涩的专业语，以免消费者不好理解或没有耐心查看内文。

- **用语规范**。用语规范是指标题要避免使用违禁词汇。一些文案人员为了吸引消费者的关注，可能会添加表述的词语，如"第一""首次""极致""独家"等，以凸显商品的价值，然而根据相关法律法规的规定，这些词语都不能出现在电子商务文案的标题中。

 素养课堂

　　文案人员是网络信息的重要产出者，应当秉持正确引导社会舆论、传播社会正能量的原则，加强行业自律，从根源上避免乱写标题现象的出现。

阅读与思考：某网店电子商务文案标题涉嫌虚假宣传被处罚

　　某品牌在淘宝开设了一家网店，主营饼干、溶豆等系列商品。为了促进商品的销售，该网店将一款蛋黄南瓜小馒头的文案标题设置为"××（品牌名）婴儿小小馒头磨牙饼干宝宝辅食入口即化宝宝奶豆小馒头80克"，将一款羊奶益生菌溶豆的文案标题设置为"××（品牌名）羊奶益生菌溶豆豆3盒营养辅食酸奶溶豆婴儿辅食宝宝零食"。后来，某地市场监督管理局接到了消费者对该网店的投诉。

　　经过调查取证，该地市场监督管理局认为该网店销售的小馒头、溶豆、磨牙饼干等商品均不是婴幼儿辅食，却在商品文案标题中标注了"宝宝辅食""婴儿辅食"，属于虚假宣传。因此，该地市场监督管理局对该网店的这种行为做出了行政处罚：责令其停止违法行为，并罚款人民币20万元。

　　思考：（1）该网店为什么会被处罚？（2）文案人员应如何规避虚假宣传问题？

3.2.2　常见的电子商务文案标题类型和特点

　　电子商务文案标题类型多样，且各有特点。了解电子商务文案标题的常见类型和特点，可以帮助文案人员写作出具有吸引力的标题，从而提高电子商务文案的点击率。

　　1．直言型标题

　　直言型标题的特点是开门见山、直观明了，一般会直接宣告某事项或告诉消费者能获得的利益或服务，让消费者一看标题就知道电子商务文案的主题是什么。其写作模板和示例如下。

　　模板1：（商品或品牌）＿＿＿＿＿＿＿＿＋（具体事项）＿＿＿＿＿＿＿＿＿＿＿＿＿

　　模板2：（主题）＿＿＿＿＿＿＿＿＋（优惠／福利）＿＿＿＿＿＿＿＿＿＿＿＿＿＿＿＿

　　示例1：华为P50各项参数详解，还有很多不能错过的"玩机"小技巧！

　　示例2：国庆特惠！满300元立减50元

　　2．提问型标题

　　提问型标题即用提问的方式来引起消费者的注意，激发其兴趣与好奇心。提问型标题有多种提问方式，如反问、设问、疑问等。其写作模板和示例如下。

　　反问模板1：反问词（如难道／怎么）＋＿＿＿＿＿＿＿＿＿＿＿＿＿＿＿＿＿＿？

　　反问模板2：＿＿＿＿＿＿＿＋反问词（如难道／怎么）＋＿＿＿＿＿＿＿＿＿＿＿＿？

　　示例：好看且保温时间长的保温杯，难道真的没有100元以下的吗？

设问模板：（问题）_____? +（答案）_____

示例：有没有一款防水又好用的防晒霜？有！那就是××（品牌）防晒霜

疑问模板：（向消费者发问）_____?

示例：四件套应该怎么选，你知道吗？

3．警告型标题

警告型标题是通过严肃、警示、震慑的语气来说明内容，以起到提醒、警告的作用，常用于强调商品特征、功能、作用等。需要注意的是，警告型标题可以有一定程度的夸张，但不能扭曲事实，要在陈述某一事实的基础上，以发人深省的内容、严肃深沉的语气给消费者以警告，使其产生危机感，进而忍不住点击标题。其写作模板和示例如下。

模板1：千万不要 + _____

模板2：惊叹词 + 主语 + _____

示例1：千万不要随便购买四件套！

示例2：不会吧！你竟然还在用这种方法洗头！

4．对比型标题

对比型标题通过与同类商品或服务进行对比，来突出自己商品或服务的特点和优势，加深消费者对本商品或服务的认知。其核心是两个商品或服务就某一标准进行比较，得出明确的结论。需要注意的是，对比型标题一定要符合事实，不可虚构事实或贬低其他商品或服务。其写作模板和示例如下。

模板：_____ + VS/ 对比 + _____, _____

示例1：海绵拖把VS××平板拖把，给你轻松的扫地体验！

示例2：小米12S对比OPPO Reno8：拍照篇

5．证明型标题

证明型标题以见证人的身份阐释商品或服务的好处，从而增强消费者的信任感，既可以是自证，也可以是他证。该类型的标题常使用口述的形式来传递信息，语言通俗易懂。其写作模板和示例如下。

模板：亲测 / ×× 反馈 / ×× 力荐 + _____

示例1：亲测！这款洗面奶真的很好用！

示例2：××车主反馈，这款车的回头率太高！

6．悬念型标题

悬念型标题通过设置悬念，利用消费者的好奇心来引发消费者对文案的阅读兴趣。写作悬念型标题需要注意，设置的悬念应该浅显易懂，不能故弄玄虚。其写作模板和示例如下。

模板：＿＿＿＿＿＿＿（事实的合理化诱惑）＋（悬念）＿＿＿＿＿＿＿＿＿＿

示例1："大吃一惊"系列文具大赏，看完我都动心了

示例2：这种折扣，我真没见过！

👤 **专家点拨**

悬念型标题与警告型标题存在相似之处，但不同的是，悬念型标题并不会给消费者制造危机感，主要会激发消费者的好奇心，诱发消费者追根究底的心理，从而使消费者产生继续阅读的欲望。

7. 新闻型标题

新闻型标题是以新闻语言表达商品或服务相关信息的一种标题类型。这类标题会如实报告最近发生的某些事件，多用于介绍新商品、品牌新措施或荣誉等，比较正式。其写作模板和示例如下。

模板：（时间）＿＿＿＿＿＋品牌／人物（可省略）＿＿＿＿＿＿＋（具体事件）＿＿＿＿

示例1：今天10点，××平板电脑正式开售！

示例2：2022"科创中国"系列榜单发布，××连登两榜！

8. 号召型标题

号召型标题是通过鼓动性的话语，号召消费者做出某种决定或行为的标题。号召型标题的第一个词一般是明确的动词，具有祈使意味，从而让消费者感受其重要性和必要性，进而做出点击行为。其写作模板和示例如下。

模板：动词＋＿＿＿＿＿＿＿＿＿＿＿＿＿＿＿＿＿＿＿＿＿＿＿＿＿＿＿＿

示例1：买它！好看又柔软的羊毛衫，不到200元！

示例2：收藏！这些实用小物件，总有一款适合你！

3.2.3　电子商务文案标题的写作技巧

优秀的电子商务文案标题不仅要激发消费者的阅读欲望，还要刺激消费者购买、引导消费。为此，文案人员还需要掌握电子商务文案标题写作技巧，增强电子商务文案标题的吸引力。

1. 使用符号和数字

在电子商务文案标题中使用符号和数字，可以增强标题的表现力，增添感情色彩，提高电子商务文案的可信度，使电子商务文案标题更具吸引力和说服力。

（1）符号

符号主要指问号、感叹号、省略号、破折号等标点符号。

● **问号**：主要表达疑问、设问或反问。

- **感叹号**：能够表达强烈的感情，抒发如兴奋、喜悦、愤怒、震惊等情绪。
- **省略号**：表示意犹未尽或列举的省略等，可以引起消费者的兴趣。
- **破折号**：表示解释说明、递进、转折等。

范例 图3-10所示为使用了符号的电子商务文案标题，这些符号既可以点明主旨、突出主体，又可以使电子商务文案标题更加生动。

图3-10 使用了符号的电子商务文案标题

（2）数字

数字天生带有论证性、精确性，特别是数量和销量、折扣、时间、排名等总结性数字。数字比文字更容易表达震撼的效果，也更容易让消费者印象深刻，使用了数字的文案标题如图3-11所示。

图3-11 使用了数字的文案标题

除此之外，数字的辨识度很高。消费者要在繁杂的信息中找到自己需要的内容，往往会通过数字来快速进行判断，如"30元保温杯与300元保温杯的区别"和"不同保温杯的区别"两个文案标题相比，前者更能吸引消费者的注意。

2．强调核心卖点

在电子商务文案标题中强调商品的核心卖点，能够让消费者明确商品的独特性，从而提高文案点击量和商品销量。

范例 图3-12所示为海飞丝洗发水的文案标题，强调了"去屑"的核心卖点。图3-13所示为公牛插座的文案标题，强调了"安全"的核心卖点。

图3-12 海飞丝洗发水的文案标题

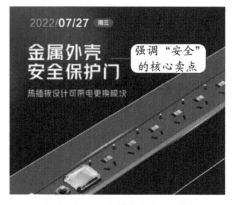

图3-13 公牛插座的文案标题

阅读与思考：《真的真的省》——美团优选品牌升级文案

　　美团优选是美团旗下的社区团购平台，其以"生鲜电商"和"社区化服务"为切入口，为消费者提供优质实惠的商品。2022年10月，美团优选更新其品牌定位为"明日达超市"，并将品牌口号从"便宜有好货"升级为"真的真的省"。同时，美团优选还发布了一则标题为"真的真的省"的视频文案。

　　就文案标题而言，美团优选直接将品牌口号作为标题，不仅很好地强调了品牌的核心卖点——省，还能让消费者对美团优选上的商品产生物美价廉"真好货"的印象。就文案内容而言，文案先从"省"文化出发，讲述了普通人日常生活中的节省，如"为什么不啃到绿皮总觉得对不住西瓜？""为什么长辈总把塑料袋塞到冰箱旁，还满屋追着别人关灯？"等，让消费者在内文开头便能产生深深的情感共鸣；紧接着，文案从生活中的节省细节延伸到了我国丰饶的物产，如"爱天山脚下买二赠一的甜""爱南澳海底五毛钱一个的鲜""也爱山东半岛来的半截胡萝卜和牡丹江边的那碗米饭"等，通过这种富饶和节省的生活细节的对比，凸显了惜物的传统与热爱的本能；最后，文案对"省"进行了解读，表示"省是对天赋物产与他人辛苦的敬畏，省是对日常生活的依依不舍，省是深藏在内心的小诚恳，省是最绵长的在意和珍惜"，从而在消费者心中建立起"省"的品牌文化与价值观，升华美团优选"真的真的省"的品牌形象。

　　思考：（1）美团优选的文案标题使用了怎样的写作技巧？（2）如何理解"真的真的省"这一文案标题？

3. 巧用修辞手法

　　比喻、引用、对偶、双关和拟人等修辞手法不仅可以增加文案标题的吸引力和趣味性，还可以增强文案标题的创意性。

　　（1）比喻

　　比喻指用具有相似性的事物来描写或说明另一事物。比喻是写作文案标题时常用的修辞手法，除了可以增强语言的生动性和形象性，还可以化深奥为浅显、化抽象为具体，帮助消费者更好地理解商品或品牌的特性。

　　范例　图3-14所示为某棉被的部分商品详情页文案，其标题将棉花比喻为云朵，说明了棉被的柔软舒适。

　　（2）引用

　　引用就是把诗词歌曲、名言警句、成语典故、俗语方言等引入标题，可以使标题言简意赅、富有文采。使用引用修辞手法时，可以直接引用原句，也可以引用原文大意，将其改编为自己的话语。

　　范例　图3-15所示的文案标题使用了引用的修辞手法，引用了唐代著名诗人白居

易的作品《琵琶行》中的"千呼万唤始出来"，并进行了改编。

图 3-14　某棉被的部分商品详情页文案

图 3-15　使用了引用修辞手法的文案标题

（3）对偶

对偶指用字数相等、意义相同、结构对称的一对短语或句子来表达相近或相反意思的修辞手法。采用对偶的文案标题，词句对仗工整、结构对称、音韵和谐，便于记忆且富有表现力，能够鲜明地表现相关事物之间的关系。

范例　天猫发布的以环保为主题的文案标题"印刷变浅了，意义变深了""可回收的包装，可持续的时尚"等就运用了对偶的修辞手法。

（4）双关

双关是指使用多义词或同音（或音近）词，赋予语句双重意思的修辞手法。使用了双关的文案标题具有较强的幽默性，语意深远。

范例　华为在其微信公众号中发布标题为"'表'达爱，就趁现在"的文案，既表明了文案的主体——表（HUAWEI WATCH GT3），又赋予了表达爱意的含义，一语双关。

（5）拟人

拟人就是把事物人格化，赋予事物人的言行或思想感情，简单地说就是用描写人的语句来描写事物。采用拟人修辞手法的文案标题，可以使描述对象更加生动活泼。

范例　某厨具品牌发布的宣传文案，其标题"每一块服软的肉都爱过一个懂火候的灶"就将菜品和厨具拟人化，赋予其人的情感，生动活泼。

3.3　电子商务文案内文写作

具有吸引力的标题可以引导消费者浏览内文，若内文有趣且优质，则可以很好地促进商品销售、提升品牌形象等。一般来说，电子商务文案的内文可以分为开头、中间和结尾3个部分，这3个部分相辅相成，共同为文案主题服务。要想写出一篇优质的电子商务文案，文案人员应该掌握这3个部分的具体写法。

微课

3.3 电子商务文案
的内文写作

3.3.1　内文开头写作

内文开头即内文的第一句话或者第一段话。如果说标题是吸引消费者跨进大门的"招牌"，那么一个好的内文开头就像一个精心布置的"玄关"。内文开头需要起到承上启下的作用，一方面与标题相呼应，另一方面引出下文。与标题类似，电子商务文案内文开头的类型也很多，文案人员可以借助下文介绍的不同类型的开头来提高写作水平。

1．直接开头

直接开头就是直截了当地揭示文案主题思想或点明要说明的对象，一般是快速切入文案中心，将文案需要表达的内容直接描述出来。例如，推广商品的电子商务文案，其内文开头可直接表明商品的核心卖点；推广活动的电子商务文案，其内文开头可直接描述活动相关信息。另外，文案人员还可根据标题类型设计开头，如标题为提问型，内文开头可直接回答标题提出的问题。

范例　图 3-16 所示的内文开头就是典型的直接开头。

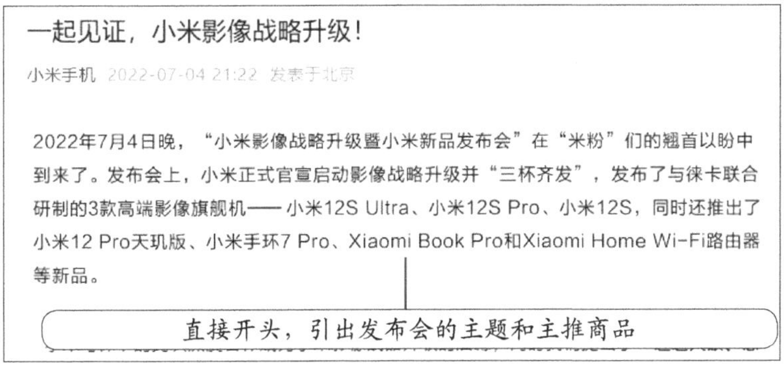

图 3-16　直接开头

2．悬念开头

悬念开头也就是在内文开头设置一个悬念，以激发消费者的好奇心，引导消费者继续浏览文案具体内容的开头。文案人员可以采用以下方法来设置悬念。

写法一：（倒叙法）开头就把结局先写出来，给消费者以强烈鲜明的印象，让其带着悬念阅读下文。

写法二：（疑问法）开头故意设置一些疑问，而不立即给出答案，以引发消费者的好奇心。

3．热点开头

热点即近期讨论度很高的话题或事件，如一些新闻事件、节日等。热点的讨论范围较广，因此将热点作为文案内文的开头，可以提高消费者阅读的兴趣。例如，就服饰品牌而言，在写作内文开头时，可以从最近的热播电视剧等入手，分析电视剧角色的穿搭，再引入推荐的品牌服饰。文案人员可以从微博热搜榜、今日头条热榜、百度热搜榜等获取热点。

范例 图 3-17 所示为某零食品牌发布的微信公众号文案部分截图，品牌是以该热点作为内文开头，引出旗下的热销商品。

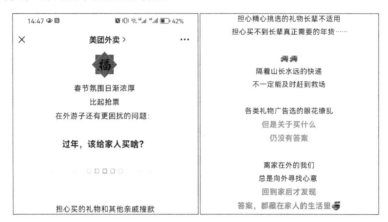

图 3-17　热点开头

4．故事开头

故事开头即开头讲述一个小故事，可以是富有哲理或教育意义的小故事，也可以是与文案中心思想、主题相关的其他真实故事、传说故事、虚拟故事等，可用于揭示或引出文案主题。

范例 图 3-18 所示为某书籍推荐文案的内文开头，讲述了一个青年阅读书籍的故事场景，能大大地激发消费者对工程师的身份及其所看书籍的好奇心，引起消费者的阅读欲望。

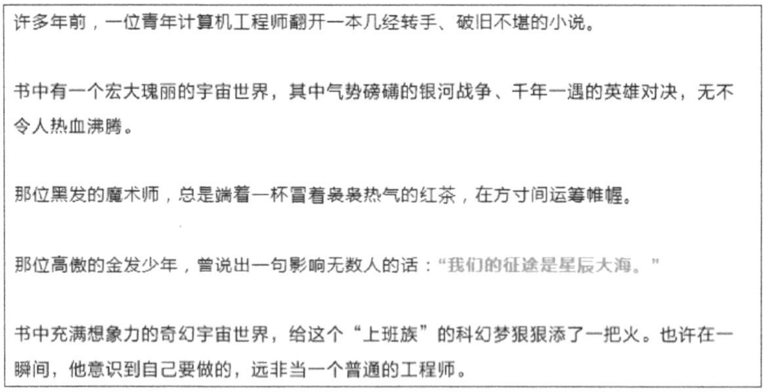

> 许多年前，一位青年计算机工程师翻开一本几经转手、破旧不堪的小说。
>
> 书中有一个宏大瑰丽的宇宙世界，其中气势磅礴的银河战争、千年一遇的英雄对决，无不令人热血沸腾。
>
> 那位黑发的魔术师，总是端着一杯冒着袅袅热气的红茶，在方寸间运筹帷幄。
>
> 那位高傲的金发少年，曾说出一句影响无数人的话："我们的征途是星辰大海。"
>
> 书中充满想象力的奇幻宇宙世界，给这个"上班族"的科幻梦狠狠添了一把火。也许在一瞬间，他意识到自己要做的，远非当一个普通的工程师。

图 3-18　故事开头

5．内心独白开头

内心独白指通过人物的自思、自语等内心表白，揭示人物隐秘的内心世界。以内心独白作为内文开头，容易给消费者以情真意切的印象，进而更好地引起消费者的共鸣。一般来说，采用内心独白开头的文案，内文应类似于戏剧性对白或作者的陈述，将文案中人物或作者内心的真实想法表露出来，如图 3-19 所示。

图 3-19　内心独白开头

👤 **专家点拨**

在写作内心独白开头时，文案人员还可以采用拟人的修辞手法赋予商品人格，撰写商品的"内心独白"。例如，某坚果品牌在推广其核桃时撰写的文案内文开头"我是一颗核桃，虽然我脸皮薄，但是我内心丰富"，就采用了拟人的修辞手法，以核桃的口吻讲述其内心独白，使其"俏皮"的形象跃然纸上，可以很好地增加消费者对商品的好感。

6. 名言警句开头

名言警句通常言简意赅且含有丰富的寓意和人生哲理，在内文开头引用名言警句，可以使语言精练简洁，凸显文案的主题及情感，既能激起消费者的阅读欲望，又能增强文案的可读性。但是需要注意，应当保证名言警句引用准确，不能出现知识性错误。

范例　某家居用品网店文案内文开头引用作家列夫·托尔斯泰的名句："幸福的家庭都是相似的，不幸的家庭各有各的不幸"，来引出对幸福家庭的描述，进而引出对家居用品的介绍。

 阅读与思考：美团《高手也需要小帮手》视频文案借势北京冬奥会

2022 年 2 月，第 24 届冬季奥林匹克运动会（以下简称"冬奥会"）顺利在北京召开。在冬奥会期间，与冰雪项目相关的话题成为网络热点，各大冰雪项目及运动员备受关注，各大品牌纷纷借助该热点创作电子商务文案，以提升品牌形象，提高消费者对品牌的好感度。此时，美团也借助该热点发布了一则名为"高手也需要小帮手"的视频文案。

为了深化美团"美好生活小帮手"的品牌定位，视频文案在开头先以冰雪运动员的内心独白讲述了生活中的难题，如"雪天起床训练不算难（见图 3-20），雪天吃点好的有点难"等，同时搭配冰雪运动员一边在冰雪场上玩空翻、飙速度，一边为生活小事发愁的画面，从而快速吸引消费者的关注，引导消费者往下观看。接着，文案又继续呈现了其他冰雪运动员面对和解决日常小难题的生活场景，涉及打车、骑单车、买花、借充电宝等方面，从而凸显美团的重要性。

视频文案将冰雪运动员与生活中的吃穿住行衔接起来，让消费者意识到冰雪运动员也是普通人，也需要面对生活里琐碎的柴米油盐，而美团能帮助他们解决许多难题，由此引出"为冰雪场上的高手解决场下的小困难"的观点，点明"高手也需要小帮手"的主题（见图 3-21），凸显了美团"美好生活小帮手"的形象，让美团的品牌定位再一次深入人心。

图3-20　视频文案开头　　　　　图3-21　体现"高手也需要小帮手"的主题

思考：（1）美团的视频文案开头属于什么类型？（2）借势北京冬奥会创作视频文案有什么作用？

3.3.2　内文中间写作

内文中间是电子商务文案中处于主体地位的部分，为了让内文开头和中间衔接得更自然，以及让消费者有继续阅读下去的欲望，文案人员写作内文中间时可以参考以下方法。

1．直接陈述

直接陈述指主要围绕商品或品牌本身的功能或特性展开，不拐弯抹角，不故弄玄虚，直接展示商品或品牌的特点、优势，或能带给消费者的好处。

范例　图3-22所示为某家具品牌发布的微信公众号文案片段，其采用了直接陈述的方式展示家具的优点和优惠价格，吸引消费者购买。

图3-22　某家具品牌发布的微信公众号文案片段

2．层层递进

层层递进写作方法的优点是逻辑严谨、思维缜密，多按照某种顺序对内容一步步铺排，给人一气呵成的畅快感。一般来说，使用这种写作方法，内文各段材料间的关系是层层推进、纵深发展的，后一个材料的表述只有建立在前一个材料的基础上才能显示出意义。层层递进的内文主要有以下两种写法。

写法1：提出问题→分析问题→解决问题。

写法2：将内文划分为不同层次，使各层次之间的关系不断递进，或由现象到本质，或由浅入深逐步深化，或有逻辑上的先后关系，各层次的前后顺序不能随意改动。

范例 美团在劳动节发布的一则视频文案就采用了层层递进的写作手法，图3-23所示为部分片段。该视频文案以"手"为线索，首先聚焦于无数双辛勤劳动的手，如"接送乘客的手""剪头发的手""配中药的手""包花束的手"等，展现了不同职业劳动者们的工作场景，再用"每一双辛勤劳动的手，都是美好生活的小帮手"向他们致敬；接着，文案进一步呈现了在美团的帮助下劳动者们享受生活的手，如"不开车的手""什么也不用干的手""为心爱的她做饭的手""和朋友一起庆祝的手"等，展现了美团提供的打车、外卖、购票等多种业务服务；最后文案点出"这个五一上美团，让每个辛勤劳动的人都可以放开双手""劳动节快乐"，传达了美团对劳动者们的祝福，深化了主题，传递了浓浓的人文关怀。

图3-23 美团视频文案部分片段

3. 并列叙述

并列叙述的写作方法下，各个段落是并行的，前一段落与后一段落的位置互换，并不会影响文案主题的表现。一般来说，商品详情页文案多采用这种写作方法，可以列出商品或活动的各大卖点，能有效避免结构混乱、层次不清现象的出现。其写作思路如下。

按照"特点1+特点2+特点3……"的形式分段落写作。

范例 图3-24所示为某手机品牌发布的部分微信公众号文案，采用了并列叙述的写作方法展现新款手机的优势，包括屏幕、机身、芯片等。

专家点拨

并列叙述的写作方法实际上是对卖点的描述，一般只需根据商品卖点扩充内容即可。例如，某鞋子的卖点是"透气""减震"等，内文中间就可以围绕这些卖点展开，描述商品使用了什么面料使其透气性好，使用了什么技术使其减震效果好等。

图3-24　某手机品牌发布的部分微信公众号文案

4．欲扬先抑

顾名思义，欲扬先抑的意思是要想发扬、放开，需先控制、压抑，将其作为写作方法使用，即先贬低，再褒扬。例如，要写某件商品的好，可以先写商品的缺点，再通过表扬来说明商品的优点，但需要"抑少扬多，扬能压抑"。其写作思路如下。

> 先用曲解或嘲讽的态度去贬低或否定它，再用有力的数据、富有情理的语言等去肯定它。

范例　某零食品牌在为商品螺蛳粉写作宣传文案时，就先提出品牌的螺蛳粉非常"臭"，再描述品牌如何精心制作它的"臭"，然后笔锋一转，指出"不要被'臭味'欺骗，越'臭'的螺蛳粉越地道，被'臭味'掩盖的是香喷喷的心"。这就是比较典型的欲扬先抑，既突出了商品的核心卖点，又能吸引消费者的关注。

5．总分式

总分式的写作方法非常常见，其中"总"是指文案的总起或总结，起点明主题的作用；"分"是指分层叙述。其写作思路如下。

> 先确定文案主题，采用总分式的结构安排，用一句或一段概括性的话语概括主题，然后围绕主题从几个不同方面加以叙述或说明。划分层次时，将"总"与"分"分开，各为一层，总、分之间必须有紧密的内在联系，分述部分要围绕总述进行，总述部分应是分述的总纲或水到渠成的总结。

范例　图3-25所示为厨房电器品牌方太发布的部分微信公众号文案，其先总结性地提出了一个中心论点——"让清新回归厨房 在厨房遇见自然"，然后结合几位消费者的反馈评价，分别展开论述，介绍方太油烟机是如何"让清新回归厨房 在厨房遇见自然"的。整篇文案脉络清晰，将油烟机的吸油烟效果、安静低噪等功能介绍得十分清楚。

图 3-25　方太发布的部分微信公众号文案

专家点拨

除了总分式的写作方法，与之联系的还有总分总式，它在总分式的基础上加了个结论，对全文进行归纳、总结和必要的引申。在运用总分总式方法写作文案内文中间时要注意，各部分间必须有紧密的联系，分述部分要围绕总述部分进行，总述部分应是分述部分的总纲或结论。

6. 穿插回放

穿插回放的写作方法是对倒叙、插叙手法的巧妙运用，即利用思维可以超越时空的特点，以某一个对象（可以是难忘的话或一个具体的物件等）为线索，将内文中间的内容通过插入、回忆、倒放等方式串联起来，形成一个整体。穿插回放的内文中间主要有两种写法。

写法 1：在顺叙主体故事的过程中插入对另外一个故事的叙述，叙述完再接着叙述主体故事。

写法 2：先把故事的结局或某个重要的片段放到最前面，然后按照故事发生、发展的顺序叙述。

 阅读与思考：《与时俱"净"》——西门子洗碗机视频文案

在洗衣机进入市场前，许多消费者对洗衣机持质疑态度，认为洗衣机浪费水、作用不大。然而发展至今，洗衣机已经成为现代家庭的刚需商品。当前，洗碗机也正在经历被质疑的阶段。洞察到这一情况，为宣传旗下的洗碗机，西门子发布了一则名为《与时俱"净"》的视频文案。

该视频文案采用穿插回放的写作方法，还原了 40 年前人们的生活场景及人们关于洗衣机的种种保守言论，如"洗衣机呀！这么多年都是手洗的，这东西浪费钱吧""这东西放家里都不知道放在哪里""那玩意儿有什么用啊，浪费水"等。紧接着，文案又讲述了40年后，在家庭聚会上上演的相似场景。亲戚们纷纷对洗碗机发出质疑，如"这能有手洗的干净吗""看着这么复杂能好用吗""这么多年都是用手洗的，它很浪费水吧"等。在文案最后，品牌并没有对这些言论表示反对，而是直接展示了旗下洗碗机的亮点，如"多维强洗""深层除菌"等，同时引出了与时俱"净"的主张。

西门子发布的这则视频文案通过做比较，采用穿插回放的写作方法，展示了消费者过去对洗衣机的偏见及其现在对洗碗机的偏见，有助于消费者转变认知，打破对新兴家电的刻板印象，传递与时俱进的生活理念，进而带动旗下洗碗机的销售。

思考：（1）西门子这则视频文案的写作思路是怎样的？（2）穿插回放的写作方法与层层递进的写作方法有什么区别？

3.3.3 内文结尾写作

对于电子商务文案而言，一个好的结尾要么能够充分展现文案意图，使消费者对文案、商品或品牌留下深刻的印象，要么能够引导消费者转发文案、关注或购买商品。文案人员在写作内文结尾时，可以参考以下写作方法。

1. 引导行动

引导行动式结尾旨在引导消费者做出某种行动，包括分享文案、购买商品、参与话题讨论/留言等。这种结尾方式可以考虑以情感、利益等打动消费者，如抛出情感互动话题、表明评论转发可获赠好礼等，从而引导消费者做出行动。

范例 图3-26所示为不同品牌发布的微信公众号文案，其结尾处采用了引导行动的方法，以引导消费者参与评论、购买商品。

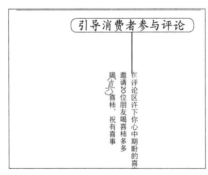

图3-26 引导行动

2. 神转折

神转折式结尾就是用出其不意的逻辑思维，使前面的内容跟结尾形成一个意想不到的逻辑关系，得到出人意料的效果。神转折式结尾能将内文塑造的气氛转变得干净利落，让人哭笑不得，这种氛围落差会使消费者感到震撼，让消费者惊叹于文案人员的"脑洞"，引起消费者的讨论，在消费者心中留下深刻的记忆。

范例 某品牌口香糖的宣传文案，先介绍了某奥运选手在不被看好的情况下没有放弃，仍然坚持训练，并具有积极乐观的心态，始终保持微笑，给消费者呈现了一个坚韧不拔的运动员形象，使消费者认为这是一篇介绍奥运选手、奥运精神的文案。但文案结尾话锋一转，写道奥运选手就像某口香糖提倡的一样，时刻保持微笑，表明这是一则口香糖宣传文案。由于前面的内容刻画了一个生动的人物形象，所以这样的转折并不会让消费者排斥，反而会让消费者觉得有趣。

3. 画龙点睛

画龙点睛式结尾是指在结尾用一句或一段简短的话语来点明文案主题，起到卒章显志、画龙点睛的作用。这种形式的结尾，需要前文层层铺垫，使消费者读到文末时有恍然大悟的感受，这样既提升了整篇文案的质量，又能给消费者留下深刻的印象。

范例 某拉面品牌在父亲节时曾推出一则视频文案，讲述了品牌拉面馆的馆长与女儿之间的动人故事。该文案结尾，就直接使用"这一碗，让心里好满"点明文案主题，把该品牌"幸福味道"的品牌理念生动地展现在消费者面前，起到画龙点睛的作用。

 阅读与思考：《守护的味道》——舒肤佳30周年暖心文案

舒肤佳是比较有名的个人清洁护理品牌，为了庆祝品牌成立30周年，其围绕"味道"发布了一则暖心的视频文案。文案通过洞察消费者的童年记忆，从童年熟悉的味道入手，讲述了一个真实的消费者的故事。

文案采用了穿插回放的写作方法，以女主角手上的味道为引子，引出女主角与舒肤佳相伴30年的回忆。文案开头先以女主角内心独白的形式展开联想——"从小 总是有一种味道陪在我身边"；紧接着，文案描述了女主角从小到大回忆中的味道，如晚归的父亲悄悄跟自己说晚安的味道（见图3-27）、外婆要求先洗手再吃饭时的味道、和爱人从陌生到熟悉的味道；经过前文的层层铺垫，在结尾点出"舒肤佳的味道 就是守护的味道"（见图3-28）这一理念，画龙点睛，将舒肤佳升华成"守护者"，使品牌具有温度，很好地拉近了品牌与消费者的距离。

图3-27 晚归的父亲悄悄给自己说晚安的味道　　图3-28 舒肤佳的味道 就是守护的味道

思考：（1）该视频文案的开头和结尾分别采用怎样的写作方法？（2）"舒肤佳的味道 就是守护的味道"这一句话的作用是什么？

4．首尾呼应

首尾呼应是指文案的结尾和标题或开头相互呼应，使文案结构明确、条理清晰。这种结尾的具体写法是在开头和结尾对同一事物（情感或态度）进行说明、解释、交代等，如开头部分提出了观点，结尾部分要回归该观点，从而使文案能够浑然一体。

范例 阿里云的宣传文案《中国的数字化，应该去哪里寻找答案？》就采用了首尾呼应的写作方法。该文案的开头从"工位有一半是空的"这个现象切入，引起消费者的好奇，让消费者带着问题继续阅读文案，而结尾"我们的工位，有一半是空的，我们的工位，到处都是"不仅呼应了开头，还强调了文案主题——阿里云的工程师往往身处一线解决实际问题，告诉消费者阿里云其实无处不在。

📈 同步实训：撰写商品推广文案

【实训背景】

绒花种类繁多、各式各样，且制作工艺复杂，因谐音为"荣华"，也寓有吉祥祝福之意。喜绒是一家淘宝网店，主要售卖各式各样的绒花手作，如绒花发钗、绒花胸针等，如图 3-29 所示。"双 11"来临之际，该网店推出了买满 200 元减 20 元的促销活动，于是店长准备发布一篇有关绒花发钗和胸针的商品推广文案，助力店内商品的销售。

图 3-29　绒花发钗和胸针

【实训要求】

（1）结合标题写作技巧撰写提问型标题。

（2）写作结合热点的文案内文开头，热点须与绒花有关联。

（3）采用并列叙述的写作方法写作文案内文中间。

（4）写作引导行动的文案内文结尾。

【实训步骤】

（1）写作提问型标题，可以采用反问、设问、疑问等方式，并结合使用符号、数字、修辞手法等写作技巧。

示例：

有一种永不凋谢的花，你知道是什么吗？（疑问＋符号）

写一写：

_____

_____

_____

_____

_____

_____

（2）写作结合热点的文案内文开头。可以选用一些近期讨论度高的话题或事件。

示例：

2022年北京冬奥会颁奖现场，一朵牡丹样式的绒花出现在了礼仪小姐的帽子上。这朵永不凋零的绒花，是我国传承了几百年的传统手工艺品。许多小伙伴在看到精致、小巧的绒花后，纷纷询问可以在哪里购买。经过不懈努力，我终于发现了一家售卖各式各样绒花的网店！接下来给大家看看喜绒网店中的绒花吧。

写一写：

_____

_____

_____

_____

_____

_____

（3）采用并列叙述的写作方法写作文案内文中间。针对一件商品，文案内文中间可以按照"特点1＋特点2＋特点3……"的形式分不同段落写作，不同的段落对应不同的特点。另外，针对不同的商品，可以按照"商品1＋商品2＋商品3……"的形式分段落介绍。

示例：

1. 桃花样绒花发钗

这支桃花样绒花发钗的灵感来自桃花，粉白色的花瓣搭配清新、雅致的嫩叶，美观又大方，不仅可以用来搭配汉服，也可以用来搭配日常的 T 恤或者连衣裙哦！

（配图）

2. 蝴蝶样绒花胸针

这款蝴蝶样绒花胸针是喜绒的热销商品，蝴蝶栩栩如生，似乎下一秒就要展翅飞翔。不论是聚会还是面试，戴上这款胸针都会让你在人群中脱颖而出！

（配图）

写一写：

_____

_____

_____

_____

_____

_____

_____

（4）写作引导行动的文案内文结尾。在写作引导行动的文案内文结尾时，最好结合一些可以给消费者提供的利益或好处，或从消费者感兴趣的话题入手，引导消费者做出行动。

示例：

这么美丽的绒花，你心动吗？"双 11"就要到啦，喜绒网店为大家准备了惊喜哦！只要大家在网店买满 200 元，就能立减 20 元！赶快行动吧！

写一写：

_____

_____

_____

_____

_____

巩固与练习

1. 选择题

（1）【单选】发散思维也称（　　　　），其运用思路是从已有的信息出发，不受已知或现存的方式、方法、规则和范畴的约束，尽可能从各个方向拓展思考，从而得出多种不同的设想或答案。

    A. 扩散思维　　　　　　　　　　B. 聚合思维

    C. 求同思维　　　　　　　　　　D. 发射思维

（2）【单选】（　　　　）是通过严肃、警示、震慑的语气来说明内容，以起到提醒、警告的作用，常用于强调商品特征、功能、作用等。

    A. 危机型标题　　　　　　　　　B. 警告型标题

    C. 证明型标题　　　　　　　　　D. 号召型标题

（3）【多选】电子商务文案标题写作原则有（　　　　）。

    A. 真实　　　　　　　　　　　　B. 有吸引力

    C. 用语通俗　　　　　　　　　　D. 用语规范

（4）【多选】下列有关电子商务文案内文的说法中，不正确的有（　　　　）。

    A. 悬念开头也就是在内文开头设置一个悬念，以激发消费者的好奇心

    B. 欲扬先抑的内文需要先多多说明商品的优点，中间可以穿插商品的缺点

    C. 画龙点睛式结尾需要和文案的标题或开头相呼应

    D. 在并列叙述的内文中间写作方法下，各个段落是并行的，前一段落与后一段落的位置互换，并不会影响文案主题的表现

2. 填空题

（1）情理结合的表达方式既需要＿＿＿＿＿＿＿，又需要＿＿＿＿＿＿＿。

（2）＿＿＿＿＿＿＿也就是"反其道而行之"，从常规思维的对立面着手，打破原有思维，得出新的想法与创意。

（3）＿＿＿＿＿＿＿的结尾就是用出其不意的逻辑思维，使前面的内容跟结尾形成一个意想不到的逻辑关系，得到出人意料的效果。

3. 判断题

（1）横向思维的运用思路是打乱原来明显的思维顺序，从另一个角度寻求新的解决办法。　　　　　　　　　　　　　　　　　　　　　　（　　　）

（2）"包包合集 | 春夏的 4 只好质感新包"属于新闻型标题。　（　　　）

（3）神转折式结尾是指在结尾用一句或一段简短的话语来点明文案主题，起到卒章显志、画龙点睛的作用。　　　　　　　　　　　　　　　（　　　）

4．实践题

（1）以下为某款空气循环扇的信息，请为其写作一则完整的电子商务文案。要求：使用证明型标题、直接开头、总分式内文中间、引导行动结尾。

- 大倾角螺旋扇叶配合定向导流罩，送风集中，风距可达 6 米。
- 风力强劲，能使室内空气形成对流循环。
- 可配合空调、暖气等使用，达到快速制冷、制热，平衡温度的效果。
- 有睡眠风、自然风、正常风 3 个类型的风力供选择。
- 优质电机可有效减少运行噪声（控制在 35 分贝左右），功率为 35 瓦。

（2）现有一款智能手表（见图 3-30），售价为 599 元，配有高清彩屏，功能包括实时视频通话、实时微聊、智能定位、深度防水、接收短信、移动支付，支持超长续航。此外，该智能手表还获得了多项权威认证，全国售后网点有 2000 多个。请试着写作一个故事型电子商务文案。标题和内文的格式不限。

图 3-30　智能手表

（3）比亚迪是一个汽车品牌，2022 年年底，该品牌发布了一则名为"为梦想，一路向前"的短视频文案。请仔细浏览该短视频文案，分析该短视频文案的标题和内文分别采用了什么写法。

第4章 电子商务文案排版与视觉创意

案例引入

方太是一个专注于高端嵌入式厨房电器研发和制造的厨具品牌，旗下有油烟机、嵌入式灶具、嵌入式消毒柜等多条商品线。从创建以来，方太凭借充满创意的电子商务文案一次又一次地吸引了大众的目光。例如，方太曾经推出了以"一平（方）米，大有乾坤"为主题的创意文案，将做饭的人比喻为搏击的拳手、将烹饪的蒸汽比喻为云海，还将食材比作深海、火山、熔岩和草原……通过一系列类比，赋予了厨房无限的趣味，提升了下厨的幸福感。另外，其发布的海报文案也非常有创意，海报文案对烤箱、蒸锅中的食物进行了延伸联想，将其比作烟花、云海，整个海报画面精致且创意十足。

电子商务时代，消费者一般通过文案的描述和实物图片来了解商品，因此电子商务文案中的文字、色彩和图片的排版和设计就显得非常重要。个性且具有创意的电子商务文案可以给消费者留下深刻而持久的印象，达到增强宣传作用的效果。

学习目标

- 掌握文字式文案的排版方法。
- 掌握图片式文案的排版方法。
- 掌握提升文案视觉创意的方法。

素养目标

- 增强版权保护意识和创新意识。
- 激发独立思考的意识。

4.1 文字式文案排版

文字式文案的篇幅一般较长，并且内容以文字为主，非常考验文案人员的排版能力。为了增强文字式文案的美观性和可读性，文案人员需要掌握字体、字号的选择方法，对齐方式、间距的设置方法，文字、图片和视频的搭配方法，以及常用排版工具——135编辑器的使用方法。

4.1.1 字体、字号选择

不同的字体、字号会带给消费者不同的视觉感受，如字形圆润的字体会给人一种可爱、活泼的感觉，字号较小会给人以紧凑、信息量大的感觉。为了让文字式文案更便于消费者阅读和接受，文案人员需要正确选择文案的字体、字号。

1. 字体选择

就电子商务文案而言，文字式文案的常用字体主要包括宋体类、艺术体类、黑体类和书法体类4种。

- **宋体类**。宋体是比较传统的字体，其字形较方正、纤细，结构严谨，整体给人一种秀气端庄、舒适醒目的感受。常用的宋体类字体包括华文系列宋体、方正系列宋体、汉仪系列宋体等。

- **艺术体类**。艺术体是指一些非常规的特殊印刷用字体，其笔画和结构一般都进行了再加工，具有一定的形态美。常用的艺术体类字体包括娃娃体、新蒂小丸子体、金梅体、汉鼎、文鼎等。

- **黑体类**。黑体又称方体或等线体，它没有衬线装饰，字形端庄，横平竖直，笔画粗细几乎完全一致。黑体类文字通常能够展现浓厚的商业气息，且比其他字体更粗，能够满足消费者对大体积、大容量的需求，能够表现阳刚、有气势、端正等效果。常用的黑体类字体包括微软雅黑、方正黑体简体、方正大黑简体等。

- **书法体类**。书法体指具有书法风格的字体，具有较强的文化底蕴，字形自由多变、顿挫有力。常用的书法体类字体包括隶书、行书、草书、篆书和楷书等。

一般来说，为满足快速吸引消费者关注和促使文案快速传播的要求，文字式文案的字体选择应该满足以下3个条件。

- **易读**。文字式文案的字数较多、篇幅较长，所以文案人员要考虑绝大部分消费者的文化背景和字体识别能力，尽可能选择易读的字体，保证文案的可阅读性和可识别性。

- **统一**。如果字体种类过多，消费者会感觉整个文案杂乱无章，主题模糊不清。

所以，文字式文案的字体最好不超过 2 种，如果存在非中文字体，建议最多保留 3 种字体；而在文案内容有限的情况下，可以只保留 1 种字体。

● **有使用权。** 网络中很多字体都有版权，因此文案人员需要谨慎选用，尽量选择常规易用、无版权风险的字体。

2．字号选择

目前大部分消费者都喜欢在移动端浏览信息，因此这里主要介绍移动端文案字号的选择。一般来说，标题的字号可以设置为 16~20 像素，内文的字号可以设置为 14~18 像素，注释的字号可以设置为 10~12 像素。另外，内文最好比标题小 2 个字号，内文中突出显示的文字可以比内文中的其他文字大 1 个字号。

> **专家点拨**
>
> 除了字体、字号外，文案人员还要注意文字颜色的选择。一般来说，文字式文案中的文字颜色最好设置为黑色，标题和部分突出显示的文字可以选择其他颜色，但整则文案的文字颜色最好不要超过 3 种。

4.1.2 对齐方式、间距设置

除了字体和字号，对齐方式、间距也会对文字式文案的视觉效果产生影响。因此文案人员在排版文字式文案时，还需要设置对齐方式、间距。

1．对齐方式设置

一般来说，文字式文案的对齐方式通常有左对齐、右对齐和居中对齐 3 种。

● **左对齐。** 左对齐即向左边靠齐的一种对齐方式。一般来说，消费者的浏览习惯都是从左往右看，所以文字式文案中最常见的对齐方式就是左对齐。

● **右对齐。** 右对齐即向右边靠齐的一种对齐方式。在文字式文案中，整篇文字向右对齐的比较少见，若文案需要署名等，对应文字会设置成右对齐。

● **居中对齐。** 居中对齐即向中间对齐的一种对齐方式。居中对齐也是比较常见的对齐方式，能让消费者产生文案活泼、有层次的感受，常出现在商品功能介绍、活动推广等类型的文案中。

> **专家点拨**
>
> 一则文字式文案可能并不会只采用一种对齐方式。如果文字采用左对齐的方式，那么插入的图片、视频等多会采用居中对齐的方式。除此之外，部分文字式文案还会将标题、内文开头等设置为居中对齐。

范例 图 4-1 所示为人人秀发布的部分微信公众号文案。就字体、字号而言，字体为微软雅黑、标题字号为 20 像素、内文字号为 16 像素、内文小标题字号为 18 像素；就对齐方式而言，整体采用的是左对齐，但小标题、图片、视频等采用的是居中对齐。

图 4-1　人人秀发布的部分微信公众号文案

2. 间距设置

间距主要包括行间距和字间距，行间距是指上下两行文字之间的距离，字间距是指文字与文字之间的距离。对于文字式文案来说，间距太小或者太大都会影响消费者的阅读体验，间距太小会让阅读变得困难，间距太大则会延长消费者阅读的时间，降低消费者的阅读兴趣。

文字式文案的间距一般根据文案的类型而定，字数较多的干货型文案的间距不能过小，字数较少的文案则可以扩大间距。通常来说，文字式文案的行间距一般是 1.5 像素、1.75 像素、2 像素；字间距一般是 1 像素或 1.5 像素，最好不超过 2 像素。整体来说，字号越小，字间距应相对越大，行间距也应该相对越大，反之，字间距与行间距都应越小。

> **专家点拨**
>
> 间距还包括段前间距和段后间距，但是在电子商务文案中，基本上不会设置段前间距和段后间距，多采用直接空一行的方式。另外，为便于消费者阅读，一个段落最好不超过手机一屏，可以多分段，最好以 3~5 行为一段。

4.1.3　文字、图片和视频搭配

在电子商务环境下，文案的表现形式丰富多样，仅仅通过纯文字内容可能无法快速吸引消费者的视线。因此，为了抓住消费者的注意力，引导其持续浏览，文案人员还可以在文字式文案中插入图片和视频。一般来说，图片和视频的搭配需要注意以下事项。

- 图片、视频的风格应与文字内容的风格统一。例如，若文字内容比较严谨，那么最好搭配稳重、大方的图片和视频。
- 图片和视频要与文字内容有关联，图片和视频的位置也不能出错，一般是上文下图／视频，且选用的图片和视频的清晰度要高。
- 图片的格式一般为 PNG、JPG、GIF 和 BMP 等。当图片格式不符合要求时，需要通过格式工厂、图片格式转换器等软件进行格式转换。
- 选择图片时，需要考虑文案的整体配色，要让整体的颜色和谐、统一。
- 若一排有多张图片，每张图片的大小和尺寸最好保持一致。

范例 图 4-2 所示为海尔发布在知乎中的部分文案截图。从图中可以看出，整篇文案结构清晰、条理清楚；搭配的图片多是对文字的补充，能更好地让消费者理解文字内容；选用的图片清晰、简约，与文字内容的风格也非常统一。

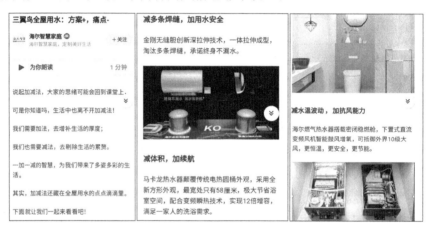

图 4-2　海尔发布在知乎中的部分文案截图

素养课堂

　　互联网具有数字化、自由和开放的特点，使得文字、图片、视频等的获取非常便捷。文案人员在使用网络中的图片和视频时，要有版权意识，对于别人原创的图片和视频，应当予以尊重和保护，使用前应当取得原创作者的同意。另外，对于自己的原创电子商务文案，也要注意保护版权不受侵犯。

4.1.4　利用 135 编辑器排版

　　135 编辑器是一款在线排版软件，拥有大量的模板，简单易上手。文案人员不仅可以使用 135 编辑器排版文字式文案，还可将排版好的文案发布到微信、微博、小红书等平台中，除此之外还可以绑定微信公众号账号并将文案同步至微信公众号后台。下面利用 135 编辑器为一则推广破壁机的微信公众号文案排版，以使文案呈现更好的视觉效果，具体操作步骤如下。

微课

4.1.4 利用 135
编辑器排版

（1）打开浏览器，进入 135 编辑器官网，在官网首页单击"进入编辑器"按钮，然后单击页面右上方的"登录／注册"按钮，在打开的页面中登录／注册账号。

（2）打开"破壁机"素材文件（配套资源:\素材文件\第 4 章\破壁机.docx），按【Ctrl+A】组合键全选文字，按【Ctrl+C】组合键快速复制文字。

（3）进入编辑器工作界面，将鼠标光标定位到文本框中，按【Ctrl+V】组合键将在 Word 中复制的文字粘贴到编辑区中，如图 4-3 所示。

（4）将鼠标光标定位到第 3 段文字后，按【Enter】键换行，在工具栏中单击"单图上传"按钮，如图 4-4 所示，打开"打开"对话框，选择"1.jpg"素材文件（配套资源:\素材文件\第 4 章\商品图片\1.jpg），单击"打开"按钮上传图片。

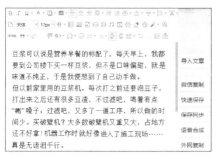

图 4-3　粘贴文本

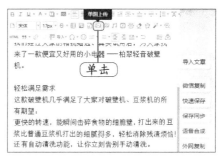

图 4-4　单击"单图上传"按钮

（5）选中"轻松满足需求"，将鼠标光标移动到页面左侧的"标题"选项上，在打开的列表中选择"基础标题"选项，再选中"免费"复选框，然后分别为"轻松满足需求""食谱丰富,超营养""自带清洁功能,好清洗"文字应用 ID 为 119514 的样式，如图 4-5 所示。

（6）将鼠标光标定位在"统统不在话下。"文字后，按【Enter】键换行，单击"多图上传"按钮，打开"多图上传"对话框，单击"普通图片上传"按钮。

（7）打开"打开"对话框，按住【Ctrl】键，依次选中"5.jpg""6.jpg""7. jpg""8.jpg"素材文件（配套资源:\素材文件\第 4 章\商品图片\5.jpg、6.jpg、7jpg、8.jpg），单击"打开"按钮上传图片。

（8）此时跳转回"多图上传"对话框，显示上传情况，如图 4-6 所示。上传成功后单击"确定"按钮，图片将插入鼠标光标定位的文字的下方。

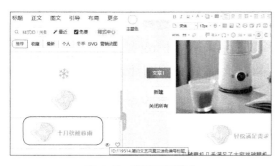

图 4-5　应用标题样式

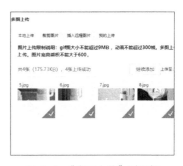

图 4-6　"多图上传"对话框

（9）单击选中图片，将鼠标指针移到图片右下角，当鼠标指针变为对角线形状时，拖曳鼠标向图片画面中心移动，将图片缩小至原来的一半，然后继续缩小其他图片，利用复制、粘贴的操作将4张图片按图4-7所示的样式排放。

（10）选中除标题外的文字，设置文字格式为"宋体，15像素"，然后选中前3段文字，单击上方工具栏中的"行间距"按钮，设置文字行间距为"1.75"。

（11）选中"便宜又好用""柏翠轻音破壁机"文字，分别设置字体格式为"#f79646，加粗""20像素，#ff0000，加粗"，效果如图4-8所示。

图4-7 排放图片

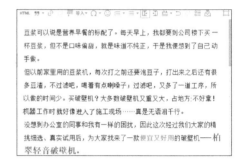

图4-8 字体格式效果

（12）选中"轻松满足需求"至"食谱丰富，超营养"之间的文字，将鼠标光标移动到样式区的"正文"选项，在打开的列表中选择"边框内容"选项，为其应用ID为119344的样式，效果如图4-9所示。

（13）选中"豆浆机的所有期望："下的文字，设置字体为"黑体"。单击"无序列表"按钮，在打开的列表中选择"小黑点"选项，如图4-10所示。

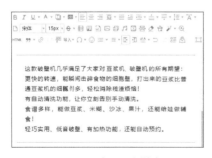

图4-9 应用正文样式

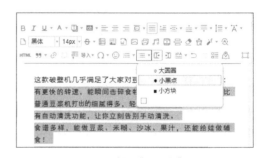

图4-10 选择"小黑点"选项

（14）在"安全有保障。"文字下方插入"2.jpg""3.jpg"素材文件（配套资源:\素材文件\第4章\商品图片\2.jpg、3.jpg），在"一键选择"文字下方插入"4.jpg"素材文件（配套资源:\素材文件\第4章\商品图片\4.jpg）。

（15）选中第一张图片，单击"居中对齐"按钮，将图片设置为居中对齐，再使用相同的方法将其他图片设置为居中对齐。

（16）为最后两段应用ID为107278的样式。设置"原价需要299元，今明两天只需要199元""2023年4月26日00:00""送出价值99元的蒸蛋器一台！""2023年5月10日18:00"的字体格式为"黑体，15像素，#ffc000，加粗"，其中

"299""199""99"的字号调为"20像素",效果如图4-11所示。

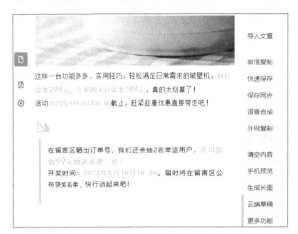

图4-11　字体格式效果

专家点拨

　　文案完成排版后,文案人员需要单击页面右侧的"手机预览"按钮,然后在打开的面板中扫码预览已完成排版的文案,确认文案在移动端的显示效果,确保不存在跳版、图片显示不全等情况。

（17）单击界面右侧的"快速保存"按钮保存文案,选择界面左侧的"我的文章"选项查看保存好的文案。编辑器将自动以"草稿"作为文案标题,将鼠标光标移动到排版好的文案上方,单击标题左侧的 ✎ 按钮,然后输入文案标题,此处输入"亲测好用!用了一次就离不开的破壁机"。输入完成后,单击标题左侧的"保存"按钮保存文案（配套资源:\效果文件\第4章\破壁机推广文案.jpg）。图4-12所示为最终效果（部分）。

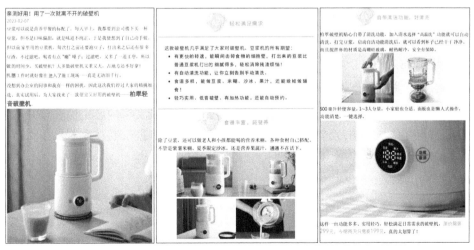

图4-12　最终效果（部分）

👤 专家点拨

　　除了 135 编辑器，文案人员还可以使用秀米编辑器、i 排版等排版工具排版，这些工具与 135 编辑器类似，同样提供了一些排版模板和图片素材，简单易懂、上手快，非常适合新手操作。

4.2 图片式文案排版

　　与文字式文案不同，图片式文案主要以图片展示为主，文字为辅，常见的图片式文案包括商品详情页、活动海报等。就图片式文案而言，文案人员需要先合理设计空间布局，再设计文案字体对比，以及进行文字、图片的颜色搭配，从而带来良好的宣传效果。

4.2.1 合理设计空间布局

　　图片式文案排版和整体构图，会影响文案内容的整体走向和效果，甚至能影响消费者对商品或品牌的兴趣，因此文案人员一定要深入了解文案的布局方式，合理设计图片式文案的空间布局。

- **中心分布**。这种布局方式在画面中心位置放置图片，可以给消费者一种稳定、端庄的感觉，并使文案产生中心透视感。
- **对角线分布**。对角线分布是指将文字和商品图片安排在画面的斜对角位置，使文案整体具有动感，从而吸引消费者的视线。
- **上下 / 左右分布**。这是大部分图片式文案常用的布局方式，其优势是易于平衡版式。一般来说，商品详情页文案大多会采用上下分布的布局方式，而活动促销文案较常采用左右分布的布局方式，这两种布局方式都能够重点突出文案内容。
- **井字分布**。井字分布就是在图片式文案中绘制两横两纵 4 条直线组成一个"井"字，在"井"字的 4 个交叉点处选择一个点或者两个点作为文字和图片的位置。

> 知识链接
>
> 不同空间布局方式文案示例

　　范例　图 4-13 所示为某女鞋品牌的活动促销文案，其文字内容定位在"井"字左上交叉点处，富有变化与动感，且与右下交叉点处的商品图片相呼应，整体来看显得和谐、大方。

图 4-13　井字分布

4.2.2　设计文案字体对比

在合理设计了图片式文案的空间布局后，文案人员可通过设计文案字体对比，使文案中的文字在大小、疏密和方向上存在差异，将消费者的视觉焦点集中到文案的内容上。

- **大小粗细对比**。文字的大小粗细是体现信息重要性的主要形式，通常展示重要信息的文字会大而粗，展示次要信息的文字则小而细。在图片式文案中放大和加粗较重要的信息，可以减少其他不必要信息的干扰，让消费者能够快速将视线锁定到重要信息上。

- **疏密对比**。一般来说，图片式文案中的文字通常以区块的形式呈现在画面中。为了更好地区分文字所表达的含义，文案人员可以通过调整文字的疏密程度将不同字号和颜色的文字分类隔开，让信息更加清晰、层次更加分明，否则很容易模糊主题，造成信息接收障碍，误导消费者。

- **方向对比**。图片式文案中文字的排版方向可以直接影响消费者的视觉感受，合理设计文字的排版方向，可以有效增强版面的动感和空间感，向消费者展示文字信息的不同层次和重要性。对于活动海报文案、活动促销文案而言，因为文字信息较少，所以文案人员可以采用比较灵活的文字排版方式，不对文字方向做过多的限制；但在商品详情页文案中，若需要进行大段的文字说明，则需要根据版面的整体规划确定文字为竖排、横排还是倾斜等。

范例　图4-14所示为某家具品牌发布的商品展示文案，其将商品系列名称、具体的商品放大显示，用稍小的文字说明商品组合和风格，应用了大小、粗细对比；并且用不同字号和颜色对文字进行了分类，应用了疏密对比。这样不仅可以吸引消费者的注意，还提升了视觉美感。

图4-14　某家具品牌发布的商品展示文案

4.2.3　图片、文字的颜色搭配

在图片式文案排版中，颜色的搭配也非常重要。赏心悦目的颜色搭配能够帮助消费者建立起对商品和品牌的直观感受，让消费者愿意花费更多的时间浏览文案，从而提升商品销售量和品牌关注度。

1. 常见颜色的含义

图片式文案中可以使用的颜色非常多，文案人员在为图片、文字搭配颜色之前，还需要了解常见颜色的含义，从而为不同商品、主题等选择合适的图片、文字颜色。

- **白色**。白色代表纯洁、简单、干净，会给人一种宁静、纯洁、淡雅的感觉，是一种适配性较强的颜色，任何商品的电子商务文案都可以使用。
- **黄色**。黄色代表高贵、富有、灿烂、活泼，会给人一种明亮、温暖的感觉，常用于美妆、珠宝、食品、茶酒、女装、女鞋和宠物等商品的电子商务文案中。
- **黑色**。黑色代表严肃、静谧、神秘，其搭配适应性非常强，常用于男鞋、腕表、手机、计算机、汽车、图书音像等商品的电子商务文案中。
- **灰色**。灰色代表庄重、沉稳、科技感，常用于男装、手机、计算机、生活电器、汽车和家具建材等商品的电子商务文案中。
- **红色**。红色代表热情、奔放、喜悦、庄严，是强有力的、喜庆的色彩，能有效吸引消费者的关注，因此常用于突出效果。
- **紫色**。紫色代表浪漫、富贵，常用于女装、美妆、腕表、珠宝、进口食品、家纺和鲜花等商品的电子商务文案中。
- **蓝色**。蓝色代表天空、清爽、科技感，常用于腕表、手机、计算机、汽车、户外运动、生鲜水果、大家电、家纺、厨具等商品的电子商务文案中。另外，高纯度的蓝色会为文案营造一种整洁、轻快的氛围，低纯度的蓝色则有一种都市化的现代感。
- **棕色**。棕色代表大地、厚朴，常用于配件、箱包、家饰和收纳品等商品的电子商务文案中。
- **绿色**。绿色代表植物、生命、生机，常用于生鲜水果、零食、女装、化妆品、大家电、家纺、厨具、家具建材、农产品和医药保健品等商品的电子商务文案中。

2. 常用的颜色搭配

查看电子商务平台中的文案可知，好的视觉设计大多不是由单一颜色构成的，因此文案人员需要做好图片、文字等的颜色搭配，以下为常见的一些颜色搭配方案。

- **冷暖色搭配**。冷暖色给人心理上带来的冷热感觉不同，如黄、橙、红等颜色给人带来温暖、热情、奔放的感觉，可以划分为暖色；蓝、蓝绿、紫等颜色给人带来凉爽、寒冷、低调的感觉，可以划分为冷色。在电子商务文案的视觉设计中，通常是将冷色与冷色搭配，暖色与暖色搭配，具体配色根据商品或品牌的特质、文案的主题而定。
- **深浅色搭配**。深浅色搭配较为常见，通常是选定一种颜色，通过颜色的深浅营造层次感，从而使画面色调统一和谐、层次清晰，如深绿色和浅绿色搭配、深灰色和浅灰色搭配等。
- **对比色搭配**。对比色搭配也就是使用对比强烈的颜色进行搭配，如红色和绿色、黄色和紫色、蓝色和橙色等。这种搭配方案有非常强的视觉冲击力，能够展示商品或品牌的活力，吸引消费者关注。

> **专家点拨**
>
> 如果文案人员不知道如何搭配颜色，还可以利用配色工具（如 Adobe Color、LOLColors、Chinese Colors 等）中提供的配色方案。

4.2.4　利用创客贴制作图片

创客贴是一款在线图形编辑和平面设计工具，文案人员可以使用该工具提供的图片、字体、模板等设计元素，通过简单的拖、拉、拽、替换等操作来制作图片。下面使用创客贴中的模板制作活动海报，具体操作如下。

（1）进入并登录创客贴官网，选择网站首页左侧的"模板中心"选项，在打开页面的"分类"栏中选择"电商"选项，在"场景"栏中选择"电商竖版海报"选项。

（2）在打开页面的搜索框中输入关键词，这里输入"促销"，按【Enter】键搜索。然后单击页面右侧的"免费"按钮，接着在搜索结果中选择需要的模板，这里选择"美妆特惠季"模板，如图 4-15 所示。

> 微课视频
>
> 4.2.4 利用
> 创客贴制作图片

图 4-15　选择模板

（3）打开制作页面，显示所选择的模板，选择模板中需要修改的对象，这里先选择"美妆特惠季"文本框，将文本框中的文字修改为"年终大促销"，然后将其下"年终大促，不止五折"文本框中的文字修改为"助您打造无烟厨房"，效果如图 4-16 所示。

（4）选择正中间的图片，单击页面上方的"换图"按钮，在打开的"打开"对

图 4-16　修改文字

话框中选择要更换的图片，此处选择"商品图.png"（配套资源：\素材文件\第 4 章\商品图.png），单击"打开"按钮，如图 4-17 所示，完成图片的替换。

（5）按照相同的方法将右上角的图片替换为"品牌 Logo.png"（配套资源：\素材文件\第 4 章\品牌 Logo.png），再将下方的"年终大促，不止五折"文本框中的文字修改为"活动时间：12 月 28 日~12 月 31 日"。

（6）选择左下角的图片，按【Delete】键删除，再将"左图.jpg"（配套资源：\素材文件\第 4 章\左图.jpg）拖曳到制作页面中，并利用图片四周的控制点调整图片大小，然后将图片移动到模板左下角原来图片的位置，最后将左下方的文字分别修改为"电炖锅""79 元"。

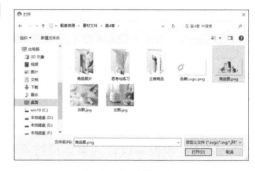

图 4-17　替换图片

（7）按照相同的方法将右下角的图片替换为"右图.jpg"（配套资源：\素材文件\第 4 章\右图.jpg），并将右下角的文字分别修改为"多功能锅""59 元"，效果如图 4-18 所示。

（8）文案制作完毕，单击页面右侧的"下载"按钮，打开"下载作品"对话框，在其中选择文件类型、文件尺寸、使用类型，此处保持默认设置，然后单击"下载"按钮，将作品下载到计算机中（配套资源：\效果文件\第 4 章\活动 haibao 文案 .png）。图 4-19 所示为活动海报文案的整体效果。

图 4-18　替换图片并修改文字

图 4-19　整体效果

4.3　文案的视觉创意

对于图片式文案，文案人员不仅要保证画面的美观，还要展现文案的创意，通过创意吸引消费者注意，提升消费者购买兴趣。文案人员可以通过以下方法提升文案的视觉创意。

微课

4.3 文案的视觉创意

4.3.1　合理夸张

夸张指为了增强表达效果，特意扩大或缩小所描述主体的形象、特征、功能、作用等的修辞手法。设计电子商务文案时通过合理的夸张，不仅可以增强画面的生动性，还能突出商品的卖点和特征，激发消费者的购买欲望。

- **突出使用效果**。采用夸张的手法突出商品的使用效果。注意，商品使用效果的夸张一定要合理，不然容易被消费者认为是虚假宣传。
- **突出使用形态**。形态的夸张是指将原本正常的人物和事物的形状、体量、数量、表情等进行特殊效果的处理，使之产生超常的视觉效果，从而增强视觉冲击力。
- **突出使用场景**。设定一个违背常理的场景，将现实中不可能发生的场景通过趣味性、震撼性的表现方式呈现出来，塑造戏剧性场景。

范例　图 4-20 所示为方太发布的海报文案，为了表达水槽洗碗机"漩涡式自动除渣""瀑冲式洗净"等卖点，文案结合自然现象、地貌特征进行夸张表达，以此来传递商品的利益点，用具有视觉冲击力的图片向消费者呈现水槽洗碗机的优势。

图 4-20　方太发布的海报文案

4.3.2　对比衬托

对比衬托不仅可以提升文案的视觉创意，还可以突出商品特点。对比衬托是指将所描绘商品的性质和特点与参照物进行对比。借助对比呈现差别，可以直观地向消费者传递商品的信息，提示或强调商品的性质和特点，使消费者对商品和文案印象深刻。

范例　图 4-21 所示为某眼镜品牌的商品详情页文案部分截图，其采用了对比衬托的方法来凸显商品"减少反光""抵御水渍""阻挡灰尘""耐污易清洁"等卖点。

图 4-21　某眼镜品牌的商品详情页文案部分截图

4.3.3 以情托物

电子商务文案是图像与文字的完美结合，消费者观看文案的过程，就是与文案不断交流并产生共鸣的过程。在设计电子商务文案时，借用情感来烘托、渲染商品的特点，可以从侧面反映商品的价值，有效地发挥文案的艺术感染力，使消费者产生积极的情感体验，达到吸引消费者关注的目的。

范例 图 4-22 所示为天猫国际发布的"全球新品为中国"系列海报文案，该系列海报文案充分使用了以情托物的方法，将人与人之间的情感浓缩于小小的商品中，以小见大，回味悠长。

图 4-22 "全球新品为中国"系列海报文案

4.3.4 延伸联想

延伸联想是一种由此及彼的思维方法，即根据商品的特性，使其与具有相关意义的事物建立联系，可以使文案创意不落俗套，激发消费者主动参与到创意想象之中。一般来说，文案人员可以直接借助具体形象——商品，利用其与所表达主题之间的相似性，将其与主题联系在一起。

> **课堂讨论**
>
> 如果你负责一款去屑洗发水的文案设计，会从哪些方面开展延伸联想的视觉创意设计？

范例 图 4-23、图 4-24 所示分别为海澜之家和洽洽在"立冬"时发布的品牌宣传文案，二者均将商品与雪进行了延伸联想。两则文案中，海澜之家主要借助衣物、布料元素，洽洽则借助坚果（开心果）元素，分别将其作为商品与"立冬"主题的联想切入点，再通过微距的表现手法打造强烈的视觉差，使整个画面精致而创意十足。

图 4-23　海澜之家品牌宣传文案

图 4-24　洽洽品牌宣传文案

📈 同步实训：设计富有创意的中秋节宣传海报文案

【实训背景】

中秋节是我国的传统节日之一。由于我国传统历法将农历七月、八月、九月定为秋季，八月是秋季中间的一个月，而十五日又位于八月的中间，因此人们将每年农历的八月十五称为"中秋节"。中秋节有许多传统习俗，如赏月、吃月饼、点花灯等。悠优是一个保温杯品牌，图 4-25 所示为该品牌的主推商品（配套资源：\素材文件\第 4 章\主推商品），临近中秋节，悠优准备发布一则宣传海报文案，以提高商品和品牌的知名度，促进商品的销售。

图 4-25　悠优的主推商品

【实训要求】

（1）撰写中秋节宣传海报文案内容。

（2）使用延伸联想的方法设计文案视觉创意。

（3）使用创客贴制作宣传海报文案。

【实训步骤】

（1）撰写中秋节宣传海报文案内容。中秋节宣传海报文案的内容既要与中秋节相关，又要展现商品或品牌。一般来说，可以借用一些与中秋节相关的诗句或成语表达对消费者的祝愿，也可以将中秋节与商品或品牌的卖点相结合，引发消费者对商品或品牌的关注。

示例1：但愿人长久，温暖不离手，悠优祝大家中秋节快乐

示例2：月满，杯满，人团圆，中秋快乐

写一写：

_____

_____

（2）使用延伸联想的方法设计文案视觉创意。使用延伸联想的视觉创意方法要找到商品或品牌与中秋节的联想切入点，如月饼与保温杯或品牌的联系、月亮与保温杯或品牌的联系等。

示例：一轮圆月挂在空中，一家人在赏月，画面中间放置保温杯

写一写：

_____

_____

_____

（3）使用创客贴制作宣传海报文案。进入并登录创客贴官网，既可以选择创客贴中与中秋节相关的模板来制作宣传海报文案，然后更换模板中的文字、图片素材等；也可以创建新的设计，制作自己设计的宣传海报文案。图4-26所示为参考效果。

图4-26　参考效果

巩固与练习

1．选择题

（1）【单选】（   ）是比较传统的字体，其字形较方正、纤细，结构严谨，整体给人一种秀气端庄、舒适醒目的感受。

    A．黑体   B．宋体

    C．楷体   D．娃娃体

（2）【单选】一般来说，文字式文案的文字字号建议设置为（   ）。

    A．16~20 像素   B．12~20 像素

    C．14~20 像素   D．14~18 像素

（3）【单选】（   ）代表高贵、富有、灿烂、活泼，会给人一种明亮、温暖的感觉。

    A．黄色   B．蓝色

    C．红色   D．白色

（4）【多选】文字式文案的字体选择应该满足的条件有（   ）。

    A．易读   B．统一

    C．普遍   D．有使用权

（5）【多选】通常来说，文字式文案的行间距一般有（   ）。

    A．1 像素   B．1.5 像素

    C．1.75 像素   D．2 像素

2．填空题

（1）文字式文案的字体最好不超过＿＿＿＿＿＿种，如果存在非中文字体，建议最多保留＿＿＿＿＿种字体；而在文案内容有限的情况下，保留 1 种字体即可。

（2）间距主要包括＿＿＿＿＿＿和＿＿＿＿＿＿，＿＿＿＿＿＿是指上下两行文字之间的距离，＿＿＿＿＿＿是指文字与文字之间的距离。

（3）整体来说，字号越＿＿＿＿＿，字间距应相对越＿＿＿＿＿，行间距也应该相对越大，反之，字间距与行间距都应越小。

（4）除了 135 编辑器，＿＿＿＿＿＿、＿＿＿＿＿＿等都可以用于排版。

3．判断题

（1）黑体又称方体或等线体，它没有衬线装饰，字形端庄，横平竖直，笔画粗细几乎完全一致。   （   ）

（2）一般来说，文字式文案中的文字颜色可以选择自己喜欢的，但整则文案文字的颜色最好不要超过 2 种。   （   ）

（3）图片的格式一般为 JPG、PNG 和 MP4 等，当图片格式不符合要求时，需要通过格式工厂、图片格式转换器等软件进行格式转换。   （   ）

4．实践题

（1）请查看提供的素材文档和素材图片（配套资源：\素材文件\第4章\思考与练习），然后使用135编辑器排出一则图文并茂、重点突出的推广文案。

（2）浏览图4-27所示的电子商务文案，分别从空间布局、颜色搭配和视觉创意3个方面，指出其设计上的特点。

图4-27　电子商务文案

（3）非凡是一个智能家居品牌，临近元旦，品牌准备开展满200元减50元的促销活动，图4-28所示为品牌的主推商品（配套资源：\ 素材文件 \ 第4章 \ 智能家居），请试着用创客贴为其制作一则活动促销海报文案。

图 4-28　品牌主推商品

第5章

商品文案写作

案例引入

  章丘铁锅产自素有"铁匠之乡"之称的山东省济南市章丘区，是当地传统手工锻造的锅具。章丘铁锅的制造需要经过12道工序，18遍火，在1000摄氏度左右的高温中锤炼，经受万次锻打，直到锅如明镜。随着章丘铁锅在某档节目中走红，许多消费者开始关注这种更符合中餐烹饪需求的铁锅。

  王铁匠是一家淘宝网店，店内销售各种各样的章丘铁锅。为了让消费者了解并购买铁锅，网店在商品标题和详情页上下足了功夫。就商品标题而言，网店从商品本身和热门关键词出发，提炼了符合消费者搜索习惯的关键词来组成商品标题。商品详情页则采用简洁的文字和精美的图片，对店内章丘铁锅的锻造手法、主要卖点等逐一进行介绍。除此之外，商品详情页还详细说明了章丘铁锅的真假辨别方法、具体参数、开锅方法、使用注意事项等，不仅能让消费者了解章丘铁锅的相关知识，还能增强消费者对网店的信任，激发消费者的购买欲望。凭借吸引力强的商品标题和商品详情页，网店内章丘铁锅的销量逐年增长，积累了不少忠实消费者。

  一般来说，消费者查看商品信息时，通常会重点关注商品标题和详情页。因此，文案人员必须掌握商品标题和详情页文案的写作方法和技巧，以帮助网店提高商品销量。

学习目标

- 掌握商品标题的撰写方法。
- 掌握商品详情页文案的撰写方法。

素养目标

- 培养法制观念和法规意识，写出合法合规的商品文案。
- 培养对知识的实际应用能力，设计出图文并茂的商品详情页。

5.1 商品标题写作

商品标题一般出现在搜索结果页面和商品详情页的顶部。消费者搜索关键词并在搜索结果页中点击标题或主图可直接进入商品详情页。商品标题是商品详情页的入口，起着引导消费者购买商品的作用。

5.1.1 商品标题关键词收集和筛选

商品标题是对商品信息的简要描述，一般来说可以拆分为多个关键词的组合。为了使商品标题更符合消费者的搜索习惯，增加商品被搜索到的概率，文案人员需要收集和筛选关键词。

1．关键词收集

文案人员可以通过商品本身、数据分析工具和搜索下拉框等渠道收集关键词。

（1）商品本身

从商品本身拥有的特性（商品的属性）出发收集关键词，包括商品规格、名称、材质、类别、重量和颜色等。一般来说，不同品类的商品的特性不同，文案人员在收集关键词时要根据具体商品进行选择，如对水果类商品可以收集有关重量、产地、新鲜程度等的关键词，而对服装类商品可以收集有关风格、材质、面料等的关键词。

范例 图 5-1 所示为小米行李箱的相关参数，图 5-2 所示为其标题。从图中可以看出，该标题中的"20/24 英寸"等就取自商品本身。

图 5-1　小米行李箱的相关参数　　　　　图 5-2　小米行李箱标题

（2）数据分析工具

一般来说，商品标题中包含的关键词应该是消费者常用的关键词，这些关键词具有较高的热度和较大的流量，可以让商品获得更多的展示机会和流量。总的来说，文案人员可以利用淘宝的生意参谋、京东的京东商智、拼多多的多多情报通等数据分析工具来收集关键词。

- **生意参谋**。生意参谋是淘宝推出的数据分析工具，可以帮助网店解决网店运营难题。其便于网店进行市场行情分析、装修分析、来源分析和竞争分析等多个方面的分析。

- **京东商智**。京东商智是京东推出的数据分析工具，旨在帮助网店进行数据分析，实现智慧化运营、数据化营销，主要包含商品销售明细、店铺关键词、行业关键词、行业品牌分析、行业属性分析、店铺诊断、店铺评分等多个模块。

● **多多情报通**。多多情报通是拼多多推出的数据分析工具，提供销量解析、选款选词、查排名、热词分析等多种功能，能够一站式辅助网店数据化运营。

> **专家点拨**
>
> 一般来说，每个电子商务平台都有专属的数据分析工具，但这些工具大多是收费的，除此之外，八爪鱼、百度指数也可以用来收集关键词。

下面以用多多情报通收集与"行李箱"相关的关键词为例，介绍使用数据分析工具收集关键词的方法，具体操作如下。

① 进入多多情报通官网，登录账号后进入工作台，选择左侧导航栏中"热词分析"选项卡下方的"热词搜索"选项。

② 进入"热词搜索"页面，在页面的搜索框中输入"行李箱"，在打开的页面中即可查看拼多多中与行李箱相关的热搜词。

③ 选择"时间范围"栏中的"30天"选项，查看近30天内拼多多中与行李箱相关的热搜词，如图5-3所示。这些热搜词即为与"行李箱"相关的关键词。

微课

利用多多情报通
收集关键词

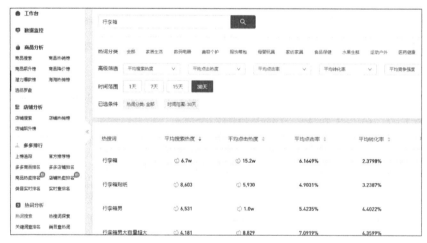

图5-3 近30天内拼多多中与行李箱相关的热搜词

（3）搜索下拉框

一般来说，在搜索框中输入一个简短的词语，下拉框内就会出现很多相关关键词，图5-4所示为在淘宝的搜索框中输入"行李箱"而出现的相关关键词。在搜索下拉框中出现的相关关键词大多是消费者常搜索的词语，也可以作为参考。

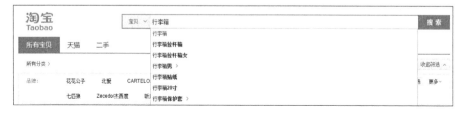

图5-4 在淘宝的搜索框中输入"行李箱"而出现的相关关键词

2．关键词筛选

收集到关键词后，文案人员还需要对其进行筛选，以便在商品标题中添加更为有效的关键词。筛选原则如下。

- **选择转化率高的关键词**。转化率高的关键词一定是能够直接体现消费者需求的词语，也就是说，要选择明显针对消费者购买意向的词语。例如，搜索"新款舒适运动鞋女"的消费者，其购买欲望要强于搜索"运动鞋女"的消费者，这是因为当消费者搜索明确的关键词，而搜索到的商品又正好是他想要的时，成交的概率会更高。

- **选择匹配度高的关键词**。匹配度是指用于描述商品的词语。文案人员选择的关键词要与商品自身的属性和特点相匹配，不能出现商品材质是"纤维"，而关键词是"全棉"的情况。描述商品属性和特点的词汇很多，在选择词汇时，一定要避免冷门词汇，因为冷门词汇基本上没有什么流量，但也不要选择非常热门的词汇，这样的词汇竞争十分激烈，转化率不高。在此基础上，保证关键词精确匹配到商品即可。

- **选择时下流行的关键词**。与商品相关的、时下流行的关键词更能体现消费者的购买意向，也更能吸引消费者的目光。例如，某年克莱因蓝（一种颜色）的讨论度特别高，频频在商品标题和买家秀中出现，若商品属性与该关键词契合，那么文案人员在筛选关键词时，就可以选择该关键词。

另外，如果收集到的关键词特别多，文案人员还需要排除无效关键词（没有搜索价值和流量的词语）。一般来说，有排名但没有点击率、转化率的关键词可直接判断为无效关键词。除此之外，与商品无关的热词、品牌比较词（如媲美××品牌的香水）、广告禁用词、虚假宣传用语等也属于无效关键词。

素养课堂

　　我国《广告法》规定，极限用语、时限用语、疑似医疗用语、迷信用语、化妆品虚假宣传用语、疑似欺骗消费者的用语等均属于禁用词，文案人员选择关键词时要熟悉相应法律法规，避免触碰"雷区"。

5.1.2　商品标题模板拟定

观察并分析一些销量较高的商品的标题，从中可以发现商品标题有一定的模板，其写作模板和示例如下。

模板1：品牌名（可以省略）＋商品名＋叫卖词＋属性词

模板2：叫卖词＋品牌名（可以省略）＋属性词＋商品名

示例1：农夫山泉饮用矿泉水天然水 5L×4 桶

示例2：2023年新款周大福浪漫复古玫瑰花足金黄金戒指

- **品牌名**。对于新创品牌来说，最好不要把品牌名称放入商品标题，因为新创品牌没有名气，搜索的消费者较少，而添加品牌名会减少其他关键词在标题中的展示机会。
- **商品名**。商品标题中一定要包含商品的名称，否则即便消费者看到了标题，也不知道究竟是什么商品。
- **叫卖词**。即特价、促销、包邮或新品上市等有叫卖属性的词语，这些词语可以很好地吸引消费者的目光。
- **属性词**。消费者一般会在搜索框中输入描述商品属性的词语来查找需要的商品，也就是说，消费者会比较关注商品的属性特征。商品规格、名称、材质、类别、重量和颜色等均属于商品属性。例如，就某款连衣裙而言，"白色""纯棉""高腰"等就是其属性特征。

大多数商品标题都由品牌名、商品名、叫卖词、属性词等组成，部分商品标题还会添加商品的别名（如马铃薯的别名为土豆）。根据实际情况，文案人员可自由组合以上4个部分或省略某部分，只要能让消费者明白商品标题含义，顺利搜索到商品即可。

> 👤 **专家点拨**
>
> 不同电子商务平台的标题长度和写作风格有所不同。例如，淘宝要求商品标题最多60个字符（数字、标点符号算1个字符，汉字算2个字符），京东要求商品标题最多50个字符。因此，文案人员应根据不同平台的要求撰写不同的商品标题。

5.1.3　商品标题写作注意事项

设置吸引人的商品标题是提高商品点击率的关键。在写作商品标题时，文案人员还应当注意以下事项。

- **忌堆砌关键词**。大多电子商务平台要求发布商品时，标题中所填写的品牌、材质、规格等信息不能出现堆砌关键词的情形。例如，"铁观音茶饼浓香型乌龙茶老茶普洱茶包邮"就是典型的堆砌关键词的标题，一款茶不可能既是铁观音，又是普洱，这样的标题容易让消费者产生被欺骗的感觉，引起消费者的反感。
- **忌滥用关键词**。滥用关键词一般是指在商品标题中滥用品牌名称或与本商品无关的关键词，"蹭"相关关键词的流量。这样的商品标题不仅不能匹配到目标消费人群，还可能会被系统判定为违规而降权。滥用关键词的情况主要包括：在商品中使用并非用于介绍本商品的词汇，故意在商品标题中使用热推但与本商品无关联的关键词，在商品标题中恶意添加赠品、奖品的描述等。
- **忌使用重复的标题**。同质商品较多的网店，容易出现将同一标题应用到类似商品中，使商品标题高度相似或完全相同的情况。这种"省力"的方法是万万不可取的，不仅会损坏消费者对网店的印象，还容易被电子商务平台判定为"重复铺货"（在网店中重复售卖两件或两件以上的相同商品）而降权。

● **忌长时间使用相同的标题。** 一般来说，商品标题一旦确定，文案人员就不要在短时间内频繁或大幅度地修改，但是也不能长时间使用相同的标题。例如，对于有显著季节性的商品，可能需要根据季节来调整标题；遇到某一节日、开展促销活动时也需要适当优化商品标题。

> **专家点拨**
>
> 商品标题的长度有限，大多数网店都会尽可能地全部铺满，导致标题紧凑，断句不易，给消费者带来较差的阅读体验。使用一些符号"−（短横线）""/（斜线）""·（间隔号）"来隔开关键词，虽然会让标题更加容易阅读，但不易被搜索引擎搜索到，这时文案人员可选择在需要断句的地方加入空格。

 ## 5.2　商品详情页文案写作

商品详情页是展示和描述商品信息的页面，是承载商品大部分流量和订单的入口。此处的商品详情页文案主要是指商品详情页中的文字部分，主要用来介绍商品基本信息，是吸引消费者下单的重要渠道。对于文案人员来说，掌握商品详情页的框架组成和文案写作方法、写作技巧等非常重要。

微课

5.2　商品详情页
文案的写作

5.2.1　商品详情页的框架

商品详情页是网店提高商品转化率的关键页面。通过调研和分析大量网店的商品详情页可知，商品详情页的框架组成有一定的规律可循，图5-5所示为商品详情页的框架示意图。

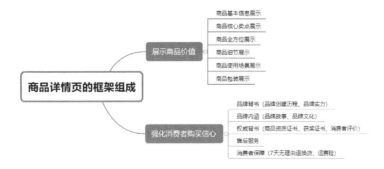

图5-5　商品详情页的框架示意图

👤 **专家点拨**

需要注意的是，上述商品详情页框架组成中的各要素不是固定的，文案人员可以参照商品的特点、品牌的定位、网店的实际需求等灵活选取和调整。

1. 展示商品价值

一般来说，商品详情页的上半部分大多是在展示商品价值，从而达到让消费者了解商品、加深对商品的印象的目的。在该部分中，商品核心卖点的展示非常重要。商品核心卖点越符合消费者的购物需求，就越能激发消费者的购物欲望。一般来说，商品核心卖点应该体现商品的独特性和差异性。所谓独特性，是指商品独一无二、不可复制的特点；差异性是指与同类商品的差异。除此之外，商品基本信息展示、商品全方位展示、商品细节展示、商品使用场景展示、商品包装展示等内容可以让消费者更清楚地了解商品的属性和实用价值。

范例 图 5-6 所示为膳魔师保温杯的商品详情页部分截图，其对商品卖点进行了提炼总结，并逐一展示了商品的全貌、细节、参数等信息，很好地展现了商品的价值和高品质，可以很好地激发消费者的购买欲望。

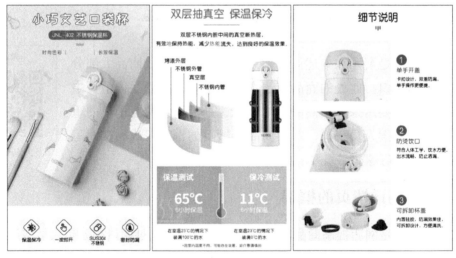

图 5-6 膳魔师保温杯的商品详情页部分截图

2. 强化消费者购买信心

强化消费者购买信心实际上是为了提高消费者对商品的信任度，进一步激发消费者的购物欲望。品牌背书、品牌内涵、权威背书、售后服务、消费者保障等都可以强化消费者购买信心。

范例 图 5-7 所示为美的空调的商品详情页部分截图，其展示了品牌获得过的奖项、获奖证书，提供的售后服务等，既凸显了品牌实力，又能够提高消费者对商品、品牌的信任度，强化消费者的购买信心。

图 5-7　美的空调的商品详情页部分截图

👤 **专家点拨**

图 5-8 所示为商品详情页的布局模板。需要注意的是，该商品详情页布局模板只是给大家提供一个参考，不同的行业、不同的商品要根据具体情况布局。在写作前，文案人员可以收集同行业销售量排在前几名的商品，分析它们的详情页布局和内容展现方式，在此基础上加以优化调整，创作出符合自身商品特点的详情页布局。

图 5-8　商品详情页的布局模板

5.2.2　商品详情页文案的写作方法

商品详情页文案大都起着说明、解释的作用，特别是对商品信息进行描述，如描述商品属性、功能、优势等，是消费者了解商品的主要途径。一般来说，商品详情页文案的写作方法主要有要点延伸法和 3 段式写法等，前一种方法在第 2 章已经进行了

详细介绍，这里不再赘述。而所谓的3段式写法实际上就是模仿新闻学中的"倒三角写作法"，其写作思路如下。

第1段：使用精练、浓缩的语句概括全文。

第2段：使用要点延伸法逐一说明商品的特点和优势。

第3段：强化商品的核心卖点、品质优势等，以达到让消费者购买的目的。

其中，第3段最为重要，这一段要把商品的使用场景、效果直接体现出来，让消费者产生购买意愿。

商品详情页文案中的内容比较多，文案人员在写作时要先统一文案的语言风格，尽量保证内容前后的语言风格一致，以体现内容的规范性与高品质。同时，用语要通俗易懂，浅显明了，让消费者能够直观理解所看到的内容，而不需要花费过多时间去解读。

商品详情页文案要与网店定位相符合，且拥有自己的特色和亮点。如同样是服装店铺，民族服装店铺的商品详情页文案用语较深沉，有文化沉淀；时尚服装网店的商品详情页文案用语较轻快、简练。商品详情页文案也应该由浅入深，不能一开始就写一些深奥的专业词汇，忽视消费者的实际需求，这样会引起消费者的反感，导致消费者流失。

 阅读与思考：典雅、文艺的商品详情页文案——《重回汉唐》

汉服是汉族的传统民族服饰。如今，汉服被越来越多的消费者认可和接受。汉服承载了数千年的历史，是一张具有中华传统文化特质的"名片"。重回汉唐是一家比较有名的汉服网店，主要销售汉服服饰及配件。为了展现汉服的优雅、美丽，该网店的商品详情页文案非常典雅。在描述商品特点、材质、颜色时，商家在商品详情页文案中会结合一些成语及古诗词进行描述，从而为商品增添一抹别样的风采。图5-9所示为该网店某对襟齐胸襦裙的部分商品详情页文案截图，从中可以看出，该文案的用语非常文艺、富有诗意，与网店的定位相符，这样的文案不仅可以展示商品的特色，还可以进一步优化网店形象。

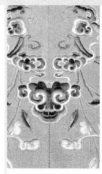

图5-9 某对襟齐胸襦裙的部分商品详情页文案截图

思考：（1）商品详情页文案为什么要与网店定位相符？（2）该网店的商品详情页文案有什么特色？

5.2.3　商品详情页文案的写作技巧

写作吸引力强的商品详情页文案有一定的技巧，文案人员可以参考以下技巧进行写作。

课堂讨论

什么样的商品详情页文案比较吸引你？文案中的哪部分内容可能会使你做出购买决定？

1．紧抓消费者的痛点

痛点常常与消费者对商品或服务的期望没有被满足而造成的心理落差或不满密切相关，这种心理落差或不满最终会使消费者产生痛苦、烦恼、欲望等负面情绪。想要解决消费者的痛点，品牌就需要提供能解决痛点的商品或服务。紧抓消费者的痛点来写作商品详情页文案的基本思路如下。

> 了解消费者对商品或服务的不满之处或亟需解决的问题，带着这些问题找到解决的办法，将文案重点放在展示解决办法上，并将其与商品卖点联系在一起，从而快速地打动消费者。

范例　图5-10所示为某款电饭煲的部分详情页文案截图。该文案先紧抓消费者使用电饭煲的痛点——涂层脱落、危害人体健康，然后使用"食品级304不锈钢球胆""安全耐用 不惧脱落"等文案来传达使用该商品能解决这些痛点的信息。

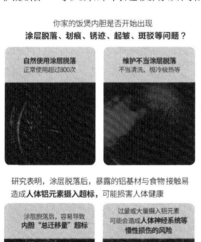

图5-10　某款电饭煲的部分详情页文案截图

2．以情感打动消费者

以情感打动消费者就是借助情绪力量为商品添加附加价值，让消费者更加容易接受商品，其基本写作思路如下。

> 从消费者的情感需求出发，以爱情、友情、亲情、理想、追求等情绪力量作为创作元素，充分调动消费者的情感，引起消费者的共鸣。

范例 图 5-11 所示为某台灯的部分详情页文案截图。该文案将商品"护眼"的卖点与对孩子的爱联系起来，赋予了商品感情色彩，让人动容。

3. 善用对比

大多商品详情页文案都会直接描述商品卖点，这种方式固然简单明了，但容易与竞争对手的文案高度雷同，无法凸显自身的特色。善用对比就可以很好地凸显商品的优势。其基本写作思路如下。

> 从消费者关心的角度出发，对比分析可能引起消费者关注的问题，如商品质量、材质、服务等，从侧面突出所售商品的特色和亮点。

范例 图 5-12 所示为某品牌破壁机的部分详情页文案截图，该文案通过对比新款破壁机与旧款破壁机的清洁效果，凸显新款破壁机的使用体验更好，值得购买。

图 5-11　某台灯的部分详情页文案截图　　　　图 5-12　某品牌破壁机的部分详情页文案截图

4. 营造具体使用场景

在商品详情页文案中营造商品具体的使用场景，可以增强消费者的代入感，引起消费者的共鸣，激发消费者的购买欲望。其基本写作思路如下。

> 从消费者的角度思考商品的具体使用场景，使用文字勾勒画面，将消费者置身于特定的场景下，从而让消费者产生购买欲望。

范例 图 5-13 所示为某品牌智能门锁的部分详情页文案截图，该文案通过描绘有人来访、陌生人敲门等日常场景，让消费者产生代入感，意识到智能门锁的智能和便利之处。

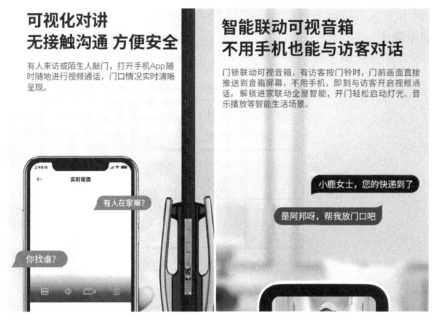

图 5-13　某品牌智能门锁的部分详情页文案截图

📈 同步实训：为智能插座设计商品标题和详情页文案

【实训背景】

　　随着我国综合国力的提升，人工智能等技术快速发展并有了实际的应用，如智能音箱、智能扫地机器人等，为人们的生活带来了极大的便利。米家是一家经营人工智能商品的网店，最近上新了一款智能插座（见图 5-14），其详细信息如下所示。

图 5-14　智能插座

- 可与小爱同学等关联，实现语音控制。
- 可通过手机上的米家 App 远程控制插座。
- 支持自定义定时开关，实现根据需求定时开关家电（10 安家电）。
- 内置记忆芯片，支持断电记忆，断电后不需要重新设置。
- 外壳采用 PC 阻燃材料，耐 750 摄氏度高温。接地保护，并设计了儿童安全门，提供防触电保护。
- 获得 3C 安全认证和通过国家权威检测。
- 体型小巧，不占空间，设计精致。

【实训要求】

（1）使用九宫格思考法为该智能插座提炼卖点，并筛选核心卖点。

（2）为智能插座写作商品标题。

（3）使用 3 段式写法为智能插座写作商品详情页文案。

【实训步骤】

（1）使用九宫格思考法为智能插座提炼卖点，如图 5-15 所示，然后从中筛选核心卖点。

语音控制	设计精致	
	智能插座	

图 5-15　提炼商品卖点

核心卖点：如语音控制、_____

（2）为智能插座写作商品标题。为了让商品被更多的消费者搜索到，我们需要提炼关键词。根据商品详细信息和提炼的核心卖点，可知"智能插座""语音控制""定时开关""控制家电"等都是标题可用的关键词，然后利用生意参谋、电子商务平台中的搜索下拉框等收集可用的关键词，最后结合商品标题模板写作智能插座的商品标题。

> **示例：新款米家手机 App 语音远程控制家电 定时开关智能插座**
>
> **写一写：**
>
> _____
>
> _____
>
> _____

（3）使用 3 段式写法为智能插座写作商品详情页文案。先用一句话概括性地介绍商品；然后逐一介绍商品的核心卖点，写作时可以将商品放置在具体的使用场景中，激发消费者展开场景联想；最后展示品牌的生产研发实力、售后服务以及权威机构认证证书等。同时还需要搭配与之对应的图片。

> **示例：**
>
> **第 1 段**　高效用电，开启智能新生活。手机远程遥控，家电轻松掌握。
>
> **第 2 段**　远程遥控，让家随行。即使出门在外，使用友家智能插座，也能通过手机 App 远程查看家电使用情况，及时开启或关闭电源。语音控制开关……
>
> **第 3 段**　坚守品质，匠心制造。200 余人的半自动化生产团队。高低温环境测试、跌落测试、按键测试……

写一写：

第1段 _____

_____

_____

第2段 _____

_____

_____

_____

第3段 _____

_____

_____

_____

巩固与练习

1. 选择题

（1）【单选】下列有关商品标题的说法中，不正确的是（　　）。

　　A. 有排名但没有点击率、转化率的商品标题关键词可直接判断为无效关键词

　　B. 淘宝要求商品标题最多60个字符

　　C. 大多数商品标题都由品牌名、商品名、叫卖词、属性词等组成

　　D. 搜索量、点击量高的关键词要尽可能多地添加在商品标题中

（2）【单选】下列选项中，按照"叫卖词 + 品牌名 + 属性词 + 商品名"模板写作的商品标题是（　　）。

　　A. 银阳阳澄湖大闸蟹礼券公4.0两、母3.0两螃蟹券10只礼盒装

　　B. ××同款铝框20寸万向轮行李箱商务密码箱旅行箱登机

　　C. 2023年新款悠悠家套头长袖宽松外套针织衫毛衣女

　　D. 多边形奶茶色大框近视眼镜女可配度数眼镜架

（3）【多选】下列选项中，属于商品属性的有（　　　）。

A. 商品规格　　　　　　　　B. 商品材质

C. 商品颜色　　　　　　　　D. 商品重量

（4）【多选】下列选项中，属于商品详情页文案写作技巧的有（　　　）。

A. 代入具体使用场景　　　　B. 紧贴网店定位

C. 善用对比　　　　　　　　D. 用语通俗

2．填空题

（1）从商品本身收集关键词即从＿＿＿＿＿＿＿＿＿＿＿＿＿＿出发收集关键词。

（2）如果收集到的关键词特别多，文案人员还需要排除＿＿＿＿＿＿＿＿＿＿（没有搜索价值和流量的词语）。

（3）＿＿＿＿＿＿＿、时限用语、疑似医疗用语、＿＿＿＿＿＿＿、化妆品虚假宣传用语、疑似欺骗消费者的用语等均属于广告禁用词。

3．判断题

（1）同质商品较多的网店可以将同一标题应用到类似商品中，这样可以提高写作效率。　　　　　　　　　　　　　　　　　　　　　　　　　　　　　（　　）

（2）在商品详情页文案中展示商品销量、商品资质证书、品牌实力等，可以很好地增强消费者对商品的信任，强化消费者的购买信心。　　　　　　　　（　　）

（3）为了让商品详情页文案看起来更上档次，文案人员可以多使用专业名词，但是要保证用法正确。　　　　　　　　　　　　　　　　　　　　　　　（　　）

4．实践题

（1）某品牌推出了桌上垃圾桶，查看其商品详情页（配套资源：\素材文件\第5章\桌上垃圾桶详情页），试分析该商品详情页文案采用了哪种写作技巧。

（2）扎染古称扎缬、绞缬，是我国民间传统的染色工艺。扎染的原理是在染色时将织物部分裹扎起来，使之不能着色，从而使扎染后的织物呈现丰富美丽的图案，具有令人惊叹的艺术魅力。现有一款新上市的扎染 T 恤（见图 5-16），其详细信息如下，请使用九宫格思考法提炼其卖点，并为其写作商品标题。

图5-16 扎染T恤

● 采用全棉面料，精梭重磅全棉轻磨毛，版型挺括。

● 精选贵州产土法制作靛蓝泥染料，绝非化学活性染料。

● 使用全棉缝纫线，使得明线暗线都能染上颜色。

● 单件手工染色，每一件衣服的纹理都不相同。

（3）现有一款产自广西的火龙果（见图5-17），硕大、酸甜多汁、果香浓郁，请结合商品的特点撰写一则精练、简洁的商品详情页文案。

图5-17 火龙果

第6章 活动文案写作

案例引入

六神诞生于1990年，是上海家化联合股份有限公司旗下的品牌。作为"国货"老品牌，为了吸引消费者的注意力，促进商品的销售，无论是元旦、国庆等节假日，还是"双11""6·18"等大促活动期间，六神都会开展一系列营销活动，并发布吸引力强的活动文案。例如，在"6·18"大促活动期间，六神利用活动海报对旗下热销商品进行了组合展示，并采用简短、通俗的文字展示了商品的特点和优势，如"便携喷雾，有效驱蚊"等，同时还通过"1次带走5件""专属优惠券""前4个小时送……"等直观的促销信息吸引消费者进店购买。

在电子商务领域，开展一场营销活动不仅可以提升品牌的知名度，还能增加网店流量，促进商品销售，而活动文案就像营销活动的"说明书"，能够起到引流、解释说明的作用，是引导转化和促成变现的关键，因此品牌要想让消费者关注、参与活动，就要重视活动文案。

学习目标

- 掌握电子商务活动的作用和类型。
- 掌握活动策划方案的写作方法。
- 掌握活动海报文案的写作与排版方法。

素养目标

- 培养团队意识与合作精神，保证活动的高效开展。
- 提升活动策划能力，强化策划意识。

6.1 了解电子商务活动

在电子商务领域，开展营销活动可以为品牌带来比平时更多的曝光量和销量。开展活动往往需要写作活动文案，用于介绍活动内容。文案人员要想写出优质的活动文案，首先要对电子商务活动有一个大概的认识。

微课

6.1 了解电子商务
活动

6.1.1 电子商务活动的作用

对于品牌而言，电子商务活动的作用很多，如提升品牌的知名度、吸引新的消费者、促进商品的销售等。

- **提升品牌的知名度**。品牌知名度是品牌的重要资产。在电子商务领域，品牌知名度对品牌的收益有着直接或间接的影响。开展电子商务活动可以展示品牌的核心价值，让消费者知晓并了解品牌，进而提升品牌的知名度。

- **吸引新的消费者**。消费者参与电子商务活动的过程实际上也是商品或品牌深入消费者心中的过程。如果电子商务活动举办成功，口碑良好，可以有效提高消费者对商品或品牌的好感度和忠诚度，进而引发消费者的分享、转发行为，从而吸引更多新的消费者。

图6-1 销售战报

- **促进商品的销售**。许多电子商务活动往往伴随着满减、打折等促销方式，这可以很好地促进商品的销售。图6-1所示为小米在2022年"双11"促销活动后发布的销售战报，从中就可以看出电子商务活动在促进商品销售方面的强大力量。

6.1.2 电子商务活动的类型

电子商务活动的类型多样，总体来说，可以根据平台官方活动和网店营销活动两个维度进行划分。

✎ 课堂讨论

你参加过哪些电子商务活动？有让你印象深刻的活动文案吗？

1. 平台官方活动

平台官方活动即电子商务平台举办的官方活动，主要包括行业营销活动、话题性营销活动、平台大促活动、节日营销活动等。

（1）行业营销活动

行业营销活动是电子商务平台针对商品所属行业发起的各项营销活动。该类活动通常有明确的行业标签，如"天猫家装节"就是针对家装行业开展的营销活动，"唯

品会美妆节"就是针对美妆行业开展的营销活动。

范例 图6-2所示为苏宁易购春季家装节活动页面，该活动是苏宁易购针对家装行业开展的营销活动。

（2）话题性营销活动

话题性营销活动是电子商务平台针对热门话题（如社会热点、重大赛事等）开展的营销活动，如针对高考、重大体育赛事等开展的营销活动。

范例 图6-3所示为某品牌针对京东"2022京彩足球季"活动发布的活动文案。其中，"2022京彩足球季"就是京东针对2022年卡塔尔世界杯开展的话题性营销活动。

图6-2 行业营销活动

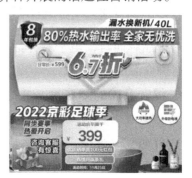

图6-3 话题性营销活动

（3）平台大促活动

平台大促活动是电子商务平台推出的全行业、大范围的促销活动，如"双11""双12""6·18"等。一般来说，平台大促活动的优惠力度都比较大，影响范围也广，能给品牌带来较大的流量，是非常重要的电子商务活动。

（4）节日营销活动

节日营销活动是平台针对节日开展的一系列活动，如端午节、中秋节、国庆节、元旦等。一般来说，开展节日营销活动时，文案人员需要制作针对性比较强的活动文案，将其放置在网店首页或者商品详情页的最上方，以快速吸引消费者，刺激其购物欲望，激发其购物潜力，进而实现销售额的提升。

2．网店营销活动

网店营销活动是网店自身推出的电子商务活动，主要包括新店开业活动、商品上新活动、季末清仓活动、周年店庆活动等。

（1）新店开业活动

新店开业活动是网店以开始营业为主题的活动。开展这类活动主要是为了推广网店、聚集人气，通常一个网店只能开业一次。

（2）商品上新活动

商品上新活动是网店在商品上新时开展的活动。这类活动主要是为了推广新品、增加新品热度。

范例 图6-4所示为某网店发布的商品上新活动文案，其利用打折降价来吸引消费者，有利于增加新品的热度和销量。

（3）季末清仓活动

季末清仓活动一般指配合季节变化而开展的活动，主要用来清理库存、提高商品销量。一般来说，网店推出的季末清仓活动往往伴随着较大的优惠力度，多采用打折降价、买赠、满减等促销手段。

范例 图6-5所示为某服饰网店发布的季末清仓活动文案，从中可以看出网店采用了满减促销手段来促进商品销售。

图6-4 商品上新活动　　　　　　　　图6-5 季末清仓活动

（4）周年店庆活动

周年店庆活动是网店为庆祝开业满 ×× 周年而开展的活动，主要用来提高网店知名度和促进商品销售。一般来说，周年店庆活动会通过发放优惠券、满减等促销手段来吸引消费者参与活动，提高消费者进店购买商品的概率。

> 👤 **专家点拨**
>
> 除此之外，网店营销活动还包括一些会员专享活动（针对网店会员开展的活动）、季节性活动（以春天、夏天等为主题开展的活动）等。

6.2 活动策划方案写作

活动策划方案是品牌开展各项电子商务活动的起点，也是对各方面活动进行预先设定和安排的依据。一般来说，文案人员在写作活动策划方案时，需要列出活动的主要事项，形成初步的方案，以便工作的展开。活动策划方案包括方案名称、活动背景、活动目的、活动主题、活动时间、活动对象、活动详情、活动成本预算等。

微课

6.2 活动策划方案
的写作

6.2.1　方案名称写作

方案名称是对活动策划方案的简要说明，应该遵循简洁、准确、明了的原则，能让人一目了然，快速获取信息。此外，为了更好地突出活动主题或目的，还可以添加副标题或小标题，其写作模板和示例如下。

> **模板：**时间 + 品牌／网店名（可以省略）+ 活动主题 + 活动策划方案
>
> **示例1：**2023年 ×× 中秋促销活动策划方案
>
> **示例2：**2023年 ×× "双11" 大促活动策划方案

6.2.2　活动背景写作

活动需要在一定的环境和背景下开展，因此活动策划方案需要写清楚活动背景。一般来说，这部分内容应做重点阐述，具体项目有基本情况简介、近期状况、活动开展原因等。

> **示例：**
>
> 伴随"国潮"的崛起，消费者对"国货"的认同感逐步提升，特别是和童年回忆、历史文化相关的商品引起了不少消费者的共鸣。近日，本店上新了一批添加了"国潮"元素的T恤。中秋节临近，本店将利用该节日针对新品T恤开展促销活动。

6.2.3　活动目的写作

活动目的即活动要达到的目标。一般来说，电子商务活动的主要目的有提高新品曝光度、提高商品销量、提高品牌的知名度和美誉度等。需要注意的是，活动目的应当简洁明了且数据化，具有可行性。

> **示例：**提升新品T恤的知名度和销量，其中销量达到1000件。

6.2.4　活动主题写作

活动主题是根据活动目的、活动形式等提炼的一句文案，不仅要有趣，还要简单、易懂、有特色。在写作活动主题时，文案人员可以结合头脑风暴法、5步创意法提炼和总结。

> **示例1：**某咖啡品牌年末促销活动主题——感恩冬季，温暖炫丽。
>
> **示例2：**某家电品牌国庆节促销活动主题——欢度国庆，家电免费配送。

范例　图6-6所示为食品品牌旺旺发布的活动文案，其中"旺仔带你去旅行"就是活动主题。这一活动主题结合了品牌名和活动形式，不仅可以加深消费者对品牌的印象，还具有趣味性。

图6-6 食品品牌旺旺发布的活动文案

6.2.5 活动时间写作

活动时间是电子商务活动的具体开展时间。为了确保活动的顺利开展，文案人员应在活动策划方案中明确活动时间，包括活动开始时间、活动结束时间、活动时长等。时间的格式一般是××年××月××日××时，时长的格式一般为××年××月××日××时—××年××月××日××时。

示例：2023年5月3日09:00—2023年5月5日18:00。

6.2.6 活动对象写作

活动对象是指活动所面向的目标消费人群。只有明确了活动的目标消费人群，策划与开展活动时才能做到有的放矢。一般来说，文案人员在确定活动对象时需要结合市场调研与目标消费者人群分析结果，这部分内容在第2章中进行了详细介绍，此处不再赘述。

示例：19~45岁的女性消费者。

6.2.7 活动详情写作

活动详情是活动策划方案的关键部分，文案人员应对各项内容进行详细安排。其基本写作思路如下。

详细交代活动形式、活动规则、活动创意、上线时间（若为线上活动）、负责人及人员安排、活动奖品等。

在电子商务领域，品牌开展的活动大多是促销活动，因此文案人员要掌握促销活动常见的促销形式。

- **打折**。如"2件8折""全场5折"等。
- **降价**。如"立减20元""原价300元，现价100元"等。
- **错觉折价**。这种促销形式会给消费者这样一种错觉：购买的是原价商品，而不是打折商品，但是品牌让出了部分利润，以至于"花更少的钱买到更好的商品"，如"满300元减200元"等。
- **积分享兑**。消费者只要消费，就享有一定的积分，使用累积的积分并支付一定的金额，如0.01元、9.9元、29.9元等，就可以兑换店内不同价位的商品。
- **定额赠送**。如"买一件送一件""买两箱送一箱"等。
- **进店有礼**。如"进店领券"，进店者均可领取不同金额的代金券。

6.2.8 活动成本预算

活动的预算是有限的，因此文案人员在写作活动策划方案时，还需要根据活动的实际情况，列出活动的整体成本预算表，以便决策方审阅和活动的后期开展。总的来说，活动成本预算表包括资金项目、细分、单价、数量、总价等内容，表6-1所示为某品牌商品上新活动的成本预算表（部分），文案人员可以参考。

表6-1　某品牌新品上新活动的成本预算表（部分）

资金项目	细分	单价/元	数量/条	总价/元
宣传费用	在微博上投放预热广告	30000	2	60000
	与网络"达人"合作，通过推文的形式进行推广	10000	10	100000

一般来说，开展电子商务活动的费用主要包括宣传费用和奖品费用等。宣传费用是指为活动宣传引流而付出的费用，如在微博、抖音等平台投放广告的费用，利用电子商务平台中的营销工具（如淘宝的直通车）推广活动产生的费用，设计推广海报的相关费用等；奖品费用是指奖品的购买费用或价值等，如抽奖所送的奖品、促销活动中的赠品等。

素养课堂

活动策划方案的形成和完善往往不是某一个人可以完成的工作，需要团队成员协作完成。党的二十大报告指出"团结就是力量，团结才能胜利"。我们在日常工作中同样要培养与发扬团队精神，增强团队意识，凝聚团队力量。

6.3　活动海报文案写作与排版

海报是用于展示商品、活动和品牌形象的广告，活动海报也就是展示和宣传活动的广告，且多采用"图片＋文字"的形式。这里的活动海报文案是指海报中的文字内容，用来展示海报的宣传要点，以吸引更多的消费者了解、参与活动。

微课

6.3 活动海报文案
的写作与排版

知识链接

完整活动策划方案
示例

6.3.1　活动海报文案的写作要素

活动海报文案主要包括主标题、副标题和描述信息，且语言大多简明扼要。

- **主标题**。通常突出醒目，是文案的重点，多是活动主要卖点或活动主题。
- **副标题**。辅助说明活动的相关内容或其他卖点，补充主标题，进一步介绍活动。
- **描述信息**。吸引消费者参与活动的相关内容，如促销信息、活动时间或行动引导语（具有引导作用的动词，如"去参与"）等。

> 👤 **专家点拨**
>
> 　　有的活动海报还会添加装饰文案，一般为英文字符，并没有实际意义，只用于美化海报。另外，活动海报文案不要求一定包括主标题、副标题、描述信息，有的活动海报文案只有主标题，有的活动海报文案则可能只有描述信息。

　　范例　图 6-7 所示为鹿客发布的活动海报，文案中的"解锁 梦想之选"属于主标题，表明活动与锁有关；"双 11 预售开启"属于副标题，是对"解锁 梦想之选"主标题的补充说明；"抢 0 元 /5 折购锁"属于描述信息，用来吸引消费者参与活动。

图 6-7　鹿客发布的活动海报

 阅读与思考：天猫"双 11"促销活动海报文案

　　"双 11"是电子商务平台举办的大型促销活动，最早是指每年的 11 月 11 日，天猫、京东等在这一天开展的大规模促销活动。从 2020 年开始，为了增加销售额和拓宽消费范围，天猫把"双 11"分为两波售卖期，即 11 月 1 日—11 月 3 日和 11 月 11 日，并且从 10 月 21 日开启预售。后来的 2021 年、2022 年同样如此。为了扩大"双 11"活动的宣传范围，吸引更多消费者参与活动，天猫从 10 月 21 日前就开始在各大平台中发布活动海报，图 6-8 所示为天猫在 2022 年"双 11"期间发布的两张富有创意的活动海报。

图 6-8　天猫在 2022 年"双 11"期间发布的活动海报

　　在海报中，天猫结合"双 11"活动主题撰写了"一到双 11 就变甜"的主标题，然后结合具体商品的特点写了副标题，辅助说明此次"双 11"活动都有哪些"甜"。同时，还在描述信息中明确了优惠力度，如"至高特惠 500 元""首件立减 10 元"等，可以很好地激发消费者的购买欲望。

　　思考：（1）图 6-8 所示活动海报文案，是依据什么来拟定主标题、副标题和描述信息的？
（2）该活动海报文案的主标题有什么特别之处？

6.3.2　活动海报文案的写作技巧

　　活动海报文案应当准确有效地将活动信息传递给消费者，让消费者了解活动并产生参与活动的兴趣。为此，文案人员可以结合以下技巧来写作活动海报文案。

1．使用高频词

　　在不同品牌的活动海报文案中，总是有一些文字是相同的、经常出现的，这些就是高频词。在文案中使用高频词能起到吸引消费者、提高转化率的作用。活动海报文案中常用的高频词有以下 3 种类型。

　　● **免费类**。突出免费，如"免费赠送""免费品尝""第二件免费"等。

- **省钱类**。突出优惠力度，如"满300元减50元""花100元买200元的商品"等。
- **保障/保证类**。突出优质的售后服务或商品品质保障，如"坏果包赔""7天无理由退换货""5年质保"等。

✎ 课堂讨论
左侧总结的高频词有什么共同特征？

需要注意的是，文案人员无论在活动海报文案中使用上述哪类高频词，都应当真实、有效，不能虚假宣传，误导消费者。

2. 结合情感诉求

消费者的情感诉求会影响其购买行为。与商品文案类似，活动海报文案同样可以结合情感诉求。

示例1：家装节活动海报文案——给你家的温暖

示例2：家居网店的促销活动海报文案——房子是租的，生活是自己的

另外，某些节日被赋予了一定的情感主题，如七夕节、国际劳动妇女节等。在节日期间开展的活动，其活动海报文案要紧扣相应的情感主题。

范例　某服饰品牌的周年庆活动刚好临近母亲节，该品牌发布的活动海报文案就借助母亲节蕴含的情感主题，与消费者建立起情感交流，部分内容如下。

示例1：爱要慢慢爱 话要好好说（主标题）

示例2：××周年庆，把美好的时光还给她（副标题）

示例3：用××呵护她的每一个微笑（描述信息）

示例4：母亲节全场5折起，部分服饰仅99元（描述信息）

3. 突出商品优势

同行业活动海报文案有一定的相似性，要想使活动海报文案在同行业众多相似的活动海报文案中脱颖而出，文案人员在创作时可以从商品入手，突出商品的独特之处或核心优势。其基本写作思路如下。

抓住和强调商品本身与众不同的特征，并直接、鲜明地将其表现出来。将这些特征置于活动海报的主要视觉位置，以期一瞬间抓住消费者的眼球。

范例　图6-9所示为万魔发布的促销活动海报，其文案直接点明了此款无线耳机的优势和优惠价格，以吸引消费者关注商品、参与活动。

图6-9　万魔发布的促销活动海报

阅读与思考：展现商品特点——心相印活动海报文案

心相印是一个生活用纸品牌。近年来，心相印主打温馨风格，撰写了一系列凸显商品特点和优势的文案。例如，2022 年"双 11"期间，为了展现旗下商品特点，吸引消费者购买商品，心相印发布了图 6-10 所示的活动海报。与其他品牌直接展示促销信息不同，心相印选择了旗下几款热销商品，围绕热销商品来创作活动海报文案。文案中，心相印使用了对偶的修辞手法来展示商品特点和优势，如主标题中的"柔厚更亲肤 云感心呵护""加厚更锁水 油污轻松褪"等文字，不仅在表达形式上和谐、富有韵律，还体现了纸巾柔软、厚实的特点。

图 6-10　心相印"双 11"活动海报

思考：（1）心相印的活动海报文案运用了什么写作技巧？（2）心相印的活动海报文案运用了哪种修辞手法？

6.3.3　活动海报文案的排版技巧

要想使活动海报文案吸引消费者的注意，文案人员除了要关注文字、图片等内容外，进行美观的排版也非常重要。创客贴、稿定设计、Photoshop 等都是常用的排版工具。文案人员在对活动海报文案进行排版时，可以合理运用以下排版技巧。

- **划分文字信息层级。**活动海报文案包括主标题、副标题和描述信息等元素，文案人员在排版时需要分清主次。一般来说，主标题和副标题属于主要信息，应当重点突出，要能第一时间吸引消费者的注意力，而描述信息属于次要信息，字号及占比等不用太大。同时活动海报文案的背景不能比主体突出，卖点信息也应该醒目。

- **留白。**活动海报文案的内容过多、视觉效果过乱，会影响消费者对文案的好感度。因此，文案人员在排版时可以通过留白的方式来减轻消费者的视觉负担。例如，可以在海报主体周围留出一些空白的空间，给消费者以简单舒适的视觉体验。

- **扭曲／变形。**文案人员在排版时，可以对关键信息进行特殊加工处理，如形成一定角度的扭曲／变形，增强活动海报的创意性，增强活动海报的视觉冲击力。

同步实训：撰写并制作"双12"活动海报

【实训背景】

　　陶瓷是陶器与瓷器的统称，也是我国的一种传统工艺品。早在新石器时代，我国就有了彩陶和黑陶，后来胎质坚实的瓷器在陶器的基础上发展起来，成为我国对外交流的重要商品，并经由丝绸之路销往海外各地，在世界上产生了重大影响，为我国带来了"瓷国"的美称。陶瓷的精美和广泛使用，使其至今仍受到人们的喜爱。福建省泉州市德化县是我国著名的陶瓷产地，制陶历史悠久且烧制技艺非常好，是不少陶瓷的原产地。鑫旺网店的陶瓷器就产自此地。"双12"就要到了，鑫旺网店计划于12月10日晚8点开启"双12"促销活动。活动主要分为两个部分：一是对一款热销茶具（见图6-11，配套资源：\素材文件\第6章\热销茶具）开展降价促销，其日常价为279元，活动价为159元；二是满减活动——消费每满299元减30元。

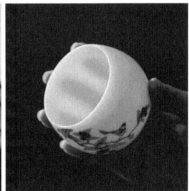

图6-11　热销茶具

【实训要求】

（1）写作突出商品优势的主标题和副标题。

（2）写作能突出活动优惠的描述信息。

（3）使用创客贴制作横版左右分布式布局的活动海报。

【实训步骤】

（1）写作突出商品优势的主标题和副标题。主标题是重点内容，要突出商品优势，可以从产地、制作工艺、商品品质等角度切入，并结合对偶等修辞手法写作；副标题是补充内容，可以结合促销信息罗列商品各项优势，补充说明主标题。

示例：

匠心之作 传承经典（主标题）

瓷质细腻 白如凝脂 12·12仅售159元（副标题）

写一写：

_____

_____

（2）写作能突出活动优惠的描述信息。描述信息要能吸引消费者参与活动，可以直接点明促销力度、优惠力度，如"每满299元减30元"等。

示例：

热销款直降120元 每满299元立减30元

活动时间：12月10晚8点

写一写：

_____

_____

_____

（3）使用创客贴制作横版左右分布式布局的活动海报。创客贴是常用的活动海报制作工具。文案人员可以先进入创客贴官网并登录，然后选择横版活动海报模板，再替换文字、图片等。选择模板时，一定要挑选左右分布式布局的活动海报模板，既可以选择文字在左、图片在右的，也可以选择文字在右、图片在左的。图6-12所示为活动海报参考效果。

图6-12 活动海报参考效果

巩固与练习

1. 选择题

（1）【单选】下列选项中，不属于平台官方活动的是（　　　　）。

　　A. 天猫家装节　　　　　　　　　　B. 周年店庆大促

　　C. 2022 年京东开学季　　　　　　 D. "双 12"

（2）【单选】下列有关活动策划方案的说法中，错误的是（　　　　）。

　　A. 活动策划方案是品牌开展各项电子商务活动的起点

　　B. 活动策划方案的名称是对活动策划方案的简要说明

　　C. 文案人员可以结合 FAB 法则、要点延伸法等方法确定活动主题

　　D. 活动策划方案的设计通常并不是仅靠一个文案人员就能完成的

（3）【多选】电子商务活动的作用包括（　　　　）。

　　A. 提升品牌的知名度　　　　　　　B. 吸引新的消费者

　　C. 促进商品的销售　　　　　　　　D. 提升商品的品质

（4）【多选】常见的促销形式包括（　　　　）。

　　A. 打折　　　　　　　　　　　　　B. 降价

　　C. 错觉折价　　　　　　　　　　　D. 定额赠送

（5）【多选】活动海报文案的写作要素包括（　　　　）。

　　A. 商品图片　　　　　　　　　　　B. 副标题

　　C. 主标题　　　　　　　　　　　　D. 描述信息

2. 填空题

（1）＿＿＿＿＿＿＿＿是电子商务平台针对热门话题开展的营销活动。

（2）＿＿＿＿＿＿＿＿一般是指配合季节变换而开展的活动，主要用来清理库存、提高商品销量。

（3）一般来说，电子商务活动的费用主要包括＿＿＿＿＿＿＿＿和＿＿＿＿＿＿＿＿等。

3. 判断题

（1）商品上新活动是网店以开始营业为主题的活动。　　　　　　　　　　（　　　）

（2）活动对象是指活动所面向的目标消费人群。　　　　　　　　　　　　（　　　）

（3）"时间＋品牌／网店名（可以省略）＋活动主题＋活动策划方案"是活动策划方案名称的常见模板。　　　　　　　　　　　　　　　　　　　　　（　　　）

（4）写作活动主题是写作活动策划方案的首要步骤。　　　　　　　　　　（　　　）

4. 实践题

（1）航空梦是飞天梦，也是中国梦，对航天事业的热爱吸引着一代代人勇于追梦，不断创造我国航天事业的新辉煌。在儿童益智类玩具中，航天模型拥有不小的吸引力，

这些玩具不仅可以锻炼孩子的动手能力，还有助于培养孩子的探索精神。"六一"儿童节就要到了，某积木品牌网店准备在当天针对店内与航天相关的积木模型开展"1件8折，2件7折"的促销活动，图6-13所示为部分商品图，请试着为其写作一个简单的活动文案。

图6-13　部分商品图

（2）费力是一个剃须刀品牌，图6-14所示为该品牌旗下的热销商品。现在该剃须刀参与春节促销活动，原价为199元，活动价为159元，活动时间是2023年6月17日至18日。请为该剃须刀撰写活动海报文案，要求主标题和副标题采用结合情感诉求的写作技巧。

图6-14 剃须刀

（3）结合剃须刀活动海报文案和商品图，使用创客贴制作具有吸引力的活动海报（配套资源：\素材文件\第6章\剃须刀商品图）。

第 7 章

品牌文案写作

案例引入

　　2022年，抖音为传递生活中的美好力量，以纪录片的形式推出了名为"摇滚老师"的品牌故事。该故事以乡村教师顾亚为主角，讲述了他从摇滚吉他手转变为乡村教师的过程。故事中，在农村长大的顾亚从小学就对摇滚产生了很大的兴趣，长大后他如愿组建了乐队。在他看来，音乐是他生命中的礼物，照亮了他的内心。顾亚成为一名教师后，为了让孩子们也能体会到音乐的力量，站上更大的舞台，除教授文化课外，还会教授孩子们摇滚乐。《摇滚老师》一经发出，就引发了大众对乡村教师的广泛讨论，网友纷纷对顾亚表示敬佩。凭借该纪录片，抖音成功提升了其"记录美好生活"的品牌形象，传递了"好好生活，爱自己"的品牌态度。

　　品牌故事是品牌文案重要的表现形式，除此之外，品牌标语、品牌公关文案也属于品牌文案。品牌文案承担着传递品牌精神、体现品牌定位和品牌价值的重任，文案人员需要重点掌握。

学习目标

● 掌握品牌文案的写作流程。
● 掌握品牌标语和品牌故事的写作方法和技巧。
● 掌握品牌公关文案的作用和写作结构。

素养目标

● 了解我国民间传说，从中挖掘品牌故事创作素材。
● 养成观察生活的好习惯，能够发现生活中的细节，增强同理心。

7.1 品牌文案认知

品牌文案是针对品牌文化创作的，用于树立品牌形象、推广品牌的一种文案，如品牌标语、品牌故事、品牌公关文案等。要想创作具有影响力、让消费者记忆深刻的品牌文案，文案人员首先要了解品牌文案的相关知识，这样才能写出既有利于品牌发展，又能够打动消费者的文案。

微课

7.1 品牌文案认知

7.1.1 品牌文化的特点和作用

品牌文化是品牌文案的核心，是品牌在经营与发展过程中逐渐形成的文化积淀，是品牌价值观念和行为方式的总和。品牌文化体现了鲜明的品牌定位，是品牌形象的内核，也是品牌文案的重要输出内容。

1. 品牌文化的特点

品牌文化的特点主要体现在以下几个方面。

- **差异性**。品牌文化的核心是其蕴含的价值内涵和情感诉求，是品牌差异化的体现。在市场中，同类型的品牌较多，但品牌文化一般是不同的。例如，格力和海尔同为家电品牌，格力品牌文化的关键词是"核心科技""中国造"等，而海尔品牌文化的关键词则是"诚信生态""共赢"等。

- **持续性**。品牌文化一旦形成，便会有较强的持续性，以稳定的形态长期存在，对各项电子商务活动产生潜移默化的影响，不会因个别因素的变化而彻底改变。例如，安踏一直以来将"将超越自我的体育精神融入每个人的生活"作为使命，致力于把运动的理念、运动的精神传递给消费者。

- **发展性**。在品牌运作和经营的过程中，品牌文化会在一定程度上受政治、经济和社会环境的影响。一般来说，品牌文化随着时代和社会文化的发展会增添新的理念和内涵，不断发展。例如，快手在品牌升级前更倾向于"做生活的观察者"；升级后，快手的品牌标语由"看见每一种生活"更换为"拥抱每一种生活"，提倡"做生活的参与者"，就体现了其品牌文化的发展性。

- **主观性**。品牌文化的形成离不开创始人、经营者、管理者甚至全体员工的总结、优化和调整，因此品牌文化也体现了这些人的理念诉求和价值观等，所以品牌文化通常还带有主观性。

2. 品牌文化的作用

品牌文化由物质文化和精神文化两部分构成，二者分别体现了品牌的有形价值和无形价值。品牌文化的作用主要包括以下3点。

- **有利于提升品牌竞争力和影响力**。品牌文化可以通过精神元素赋予品牌丰富的

精神内涵。品牌文化一旦被消费者认同，所释放的能量就非常可观，就会将无形的文化价值转化为有形的品牌价值，把精神财富转化成差异化的竞争优势，使品牌在激烈的市场竞争中保持强大的生命力。

- **有利于提高消费者对品牌的忠诚度。**品牌不仅代表着商品的属性与功能性利益，还体现着某种特定的情感利益。消费者购买、使用商品后，不仅可以获得商品的使用价值，还能从中受到熏陶与感染，拉近与品牌之间的距离，提高对品牌的忠诚度。例如，小米始终坚持"感动人心、价格厚道"的价值追求，吸引了一大批追求商品性价比的消费者，同时，小米传递的"与用户做朋友"的价值理念，满足了消费者渴望平等交流、双向付出的精神需求，因此小米积累了数量庞大且忠诚度高的粉丝群体。

知识链接

小米的品牌文化展现

- **促进商品销售。**消费者一旦对品牌文化感兴趣，随之也会了解品牌所拥有的商品，在需要时会优先选择该品牌的商品，从而提高商品的销量，增加品牌的经济效益。

素养课堂

　　品牌文化是一种"软实力"，品牌信仰和品牌忠诚一旦形成，就会对消费者的稳定性、品牌竞争力的提升起到巨大的推动作用。尤其是在国际市场中，品牌文化更有利于展示我国企业的品牌实力，推动品牌"走出去"。

7.1.2　品牌文案的写作流程

　　品牌文案能向消费者传递品牌文化，进一步塑造品牌形象。尽管不同品牌创作的品牌文案差异较大，但其写作流程是比较相似的，主要包括以下5个步骤。

1．收集与整理资料

　　文案人员要想写出生动的品牌文案，就必须深入探究与分析品牌本身，了解品牌的定位、文化内涵、诉求、目标消费人群和竞争对手等信息。因此，文案人员首先要做好资料的收集与整理工作。

2．提炼并确定主题

　　主题是品牌文案的主体和核心，主题的深浅往往决定着品牌文案价值的高低。主题来源于品牌历史、品牌资源、品牌个性、品牌价值观和品牌愿景等，通常通过品牌名称、品牌标语或品牌故事等传递。例如，美的的品牌标语是"智慧生活可以更美的"，它传递了一个这样的主题：美的智能家居开启智能生活新方式，让人们的生活更舒适、更轻松、更美好。

3．撰写初稿

　　完成以上两项准备工作后，文案人员就可以开始着手写作品牌文案的初稿了。写作品牌文案初稿时，一定要将品牌理念和品牌的各种内在因素一一展示出来，以便消费者了解品牌的全部信息。品牌文案的写作角度并不单一，文案人员可以根据品牌需要呈现的效果来选择，如从企业的角度、消费者的角度、商品的角度等来写。

4．斟酌、修改稿件

文案人员在写作品牌文案的过程中，可能因为语言组织、逻辑等问题导致文案表述不流畅，所以在写作过程中需要仔细斟酌用词，选择适合品牌主题且能够表达品牌理念的词语或句子。写作完成后，文案人员还要通读文案并校对，修改文案中的错误，保证文案中没有错别字、语法错误等问题。

5．定稿

完成品牌文案写作和审查后，品牌文案就定稿、不用再次修改了。接下来文案人员需要在适当的时机发布并传播品牌文案。

7.2　品牌标语写作

品牌标语是品牌的广告口号或者广告标语。品牌标语可以宣传品牌精神、反映品牌定位、丰富品牌联想等。好的品牌标语不仅可以向消费者传递品牌文化，展现品牌的个性魅力，还能获得消费者的认同。因此，文案人员要掌握品牌标语的写作技巧。

7.2.1　直接嵌入品牌名称

直接嵌入品牌名称就是将品牌名称直接放入品牌标语，使其成为品牌标语的组成部分。采用这种方式创作的品牌标语中的品牌名称仅起表明身份的作用。其写作思路如下。

> 直接将品牌名称与能表达品牌内涵、特质、作用的其他词语或短语结合，简单明了地告诉消费者"我是谁，我的品牌内涵是什么"，能让消费者一下子记住品牌，丰富消费者的品牌联想。

范例　图7-1所示为拼多多的品牌标语，其中"拼多多"是品牌名称，"拼着买·才便宜"则表明了拼多多的特质——拼购便宜。图7-2所示为美团的品牌标语，其中"美团"是品牌名称，"美好生活小帮手"表明了美团的作用——能为消费者提供各种生活服务，是消费者的生活小帮手。

图7-1　拼多多的品牌标语　　　　图7-2　美团的品牌标语

7.2.2 语义双关

巧妙应用双关语来撰写品牌标语，能够生动形象地传递品牌理念，给消费者留下非常深刻的印象。采用语义双关的方法撰写品牌标语主要有以下两种方式。

方式1：把具有双关含义的品牌名称嵌入品牌标语，其中品牌名称除指代品牌本身外，还有其他延伸含义。

方式2：对除品牌名称以外的文字内容使用双关语（无论是否嵌入品牌名称）。

范例　英雄牌钢笔的品牌标语为"谁都热爱英雄"，其中的"英雄"既是钢笔品牌的名称，还指具有高尚品质、敢于牺牲奉献的人，表现了该品牌向英雄看齐，追求高尚的精神内涵。电器品牌小鸭的品牌标语为"小鸭，小鸭，顶呱呱"，"顶呱呱"一指小鸭的叫声响亮，二指商品非常好。该标语不仅突出了品牌商品的优质，还使品牌形象更加生动。

7.2.3 展现商品卖点

采用以简短的文字直接展示商品卖点的方式来写作品牌标语，不仅能体现商品的特点、功能、服务对象，还能丰富消费者的品牌联想，使品牌具有明显的竞争优势。其写作思路如下。

先找到与其他同类型商品相比有差异或优势的核心卖点，具体体现在材质、原料、新技术、制作工艺、产地等方面，然后通过文字的阐述与概念的引导，最终形成独特的品牌标语。

范例　图7-3所示为涂料品牌三棵树的品牌标语，其中"马上住"就展现了商品的核心卖点——环保，与品牌定位"三棵树是高品质、环保型涂料的代表，意味着出色的涂装效果，意味着充满生趣的、清新健康的生活，是具有人文关怀的涂料品牌"相呼应。方便面品牌茄皇的品牌标语为"1颗新疆番茄 1碗阳光茄皇"，展现了商品优质的原料——新疆番茄。

图7-3　三棵树的品牌标语

7.2.4 塑造使用场景

塑造使用场景是指把商品或品牌与现实的使用场景结合起来，让消费者产生代入感。其写作思路如下。

先了解消费者使用本商品或品牌的场景，分析场景背后所包含的主要因素（场合、对象、时间、目的等），然后提炼该场景下的主题（庆祝节日、庆祝乔迁之喜、生日宴请等），并结合品牌的定位与理念，用合适的文字进行描述。

范例　溜溜梅的品牌标语"没事儿就吃溜溜梅"，就勾勒了一幅休闲时刻食用溜溜梅的场景，文案生动有趣，与该零食品牌的定位十分契合。此外，麦斯威尔的品牌标语"好东西要与好朋友分享"，红牛的品牌标语"累了困了喝红牛"，支付宝的品牌标语"支付就用支付宝"等也采用了塑造使用场景的写作技巧。

7.2.5　表达品牌主张

采用这种技巧写作出来的品牌标语以品牌的目标、主张为诉求点，一般比较简洁、精练、有内涵，有一定的外延深度和广度，表达了品牌的理念和态度。其写作思路如下。

将品牌理念与态度浓缩成简短的一句话，并且保证其积极向上、充满正能量，能引起消费者共鸣。

范例　安踏的品牌标语"永不止步 Keep Moving"就是从"将超越自我的体育精神融入每个人的生活""创新超越、永不止步"等品牌理念与态度中提炼出来的。与之类似的还有小米——永远相信美好的事情即将发生、鸿星尔克——TO BE NO.1。

 阅读与思考：幸福就是一碗真材实料的好面——白象食品的品牌标语

白象食品是一个以方便面生产、销售为主营业务的食品品牌。多年来，白象食品以"幸福就是一碗真材实料的好面"为品牌标语，坚持使用真材实料、让消费者放心和安心的品牌主张。

2021年，河南遭遇暴雨洪涝灾害，白象食品立即向郑州慈善总会捐赠了500万元公益款项和20万元救援物资，用以支持救援工作，这一爱心之举受到了许多消费者的夸赞和支持。2022年，在"3·15"晚会上，央视曝光了老坛酸菜的制作乱象，一时之间方便面的卫生安全问题引发了众多消费者的关注。许多消费者便在白象食品的官方微博中询问有关老坛酸菜的问题，白象食品则直接表示从未与涉事企业有过合作，且25年来一直坚守品质，图7-4所示为白象食品在微博中的回应内容。在这一回应发布后，与白象食品商品品质相关的话题也引起了消费者的热烈讨论。与此同时，消费者还发现白象食品招收了为数不少的残疾员工，并且企查查官网显示，与白象食品关联的食品安全抽检共67次，结果均为合格，此外其投资公司及分公司等也涉及300次左右的抽检，合格率100%。白象食品对品牌主张的坚守，不仅成功提高了消费者对品牌的好感度，还使得旗下商品的销量激增。

作为食品品牌，白象食品致力于向消费者提供高品质、美味的食品，以"幸福就是一碗真材实料的好面"传递品牌态度，并在实际行动中兑现"真材实料"的承诺，保证食品的安全、美味、可信赖。如此，白象食品自然能够受到消费者的青睐。

白象食品

3-15 23:26

白象食品和××××从未有过合作，感谢大家的关心。25年坚守品质，白象始终如一。

图 7-4　白象食品在微博中的回复内容

思考：传递品牌态度的品牌标语与品牌的实际行动有什么关系？

 素养课堂

　　近年来，我国充分展现了负责任的大国担当，使我国国际影响力、感召力、塑造力有了显著提升。作为我国公民，我们无论在什么岗位上都要勇于担当、敢于担当，要不断强化使命意识和担当意识，这样才能适应新形势、完成新任务、创造新业绩。

7.3　品牌故事写作

微课

7.3 品牌故事的写作

　　品牌故事是一种有着完整叙事结构的故事性文案，其整合了品牌发展过程中的商品信息、品牌形象、品牌文化等基本要素，以及时间、地点、人物和其他相关信息。品牌故事赋予了品牌生机与活力，能有效传达品牌理念，拉近消费者与品牌的距离，让品牌变得有血有肉。为写出富有感染力的品牌故事，文案人员需要弄清楚品牌故事的类型、写作要素和写作技巧等。

7.3.1　品牌故事的类型

　　品牌故事是一种让消费者与品牌产生情感连接，并对品牌产生价值认同的沟通方式。总的来说，品牌故事的类型主要包括以下 4 种。

1．历史型品牌故事

　　历史型品牌故事主要讲述品牌的历史故事，通过展示品牌从创建到现在的经历，表明品牌经得起时间和消费者的检验。这类品牌故事一般包括品牌从创建到走向成功所经历的困难、品牌发展过程中发生的感人小故事、品牌在每个发展阶段所做出的关键举措、品牌所取得的成绩和获得的荣誉等内容。另外，历史型品牌故事常用于老品牌，容易使消费者对品牌产生敬意与好感。

　　范例　图 7-5 所示为五芳斋的部分品牌故事，文案简单描述了品牌的发展经历和品牌所取得的成绩，是典型的历史型品牌故事。

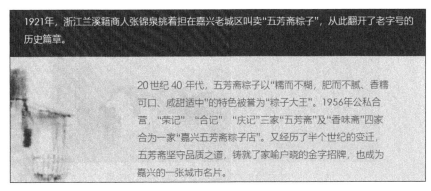

图 7-5　五芳斋的部分品牌故事

👤 专家点拨

新成立的品牌也可以撰写历史型品牌故事。若新品牌的商品拥有一定的历史传承，如某历史人物对该类商品情有独钟，那么文案人员在为该品牌撰写品牌故事时，也可将这种关联作为创作历史型品牌故事的切入点。

2．传说型品牌故事

利用传说故事或神话故事表现品牌特征，是传说型品牌故事的呈现方式。这个故事可以是流传至今的故事，也可以是文案人员根据真实事件改编的故事。

范例　状元烤蹄的品牌故事就来源于民间传说——落魄秀才赶考途中的故事，充满了传奇色彩，容易引起消费者的好奇与兴趣。状元烤蹄的品牌故事的内容如下。

据民间传说，云南西双版纳有个落魄秀才进京赶考，因囊中羞涩，没有银两住客栈，只好借宿在一位屠户家中。他晚上饥肠辘辘，只好起床寻觅食物，找了半天也没有发现可吃的东西，而后他突然发现屠户宰杀猪后剩下的几个猪蹄散落在地上，赶紧捡起来，点上一堆柴火将其烧烤。千烤万烤过后，不料烤蹄竟然异香扑鼻，味美绝伦，秀才食之唇齿留香，精神大振。之后秀才在科举考试中竟然一举夺魁，成为当年的状元。秀才高中返乡，为了答谢屠户，到屠户家拜访，回敬屠户重礼一份。打开一看，猪蹄用红丝绸系花，上题"状元烤蹄"，原来是状元亲手烧烤的猪蹄，屠户顿悟其中之意。秀才以重金感谢屠户的猪蹄让自己高中状元，状元烤蹄因而得名。从此，状元烤蹄便流传开来。

3．人物型品牌故事

人物型品牌故事即围绕品牌相关的人物创作的故事。人物主要包括两类，一是品牌的创始人，二是品牌的管理人员、普通员工或代言人等。

范例　图 7-6 所示为京东发布的品牌故事《索》的部分截图，该故事以京东快递员的视角展开，从他每天溜索送快递开始，以"索"为主线，讲述了 6 年来他与村民之间的暖心故事，这就是典型的人物型品牌故事。

图 7-6 京东发布的品牌故事《索》的部分截图

4. 卖点型品牌故事

卖点型品牌故事是凸显商品精湛工艺、优越产地、独特原料、核心技术、制作水平等商品卖点的品牌故事。

范例 以下为木梳品牌谭木匠的品牌故事，该品牌故事很好地凸显了品牌免费维修的卖点。

> 还记得在 2006 年谭木匠全国加盟商店主（店长）年会上，新加盟谭木匠的店主（店长）对公司"终身免费维修"的服务理念提出质疑："都帮顾客修好了，谁还会来买新的？门店的销售量又该如何保障？"然而，谭木匠始终认为，每把梳子背后都承载着厚重的记忆，通过终身免费维修可以让这份特别的情缘得以延续，坚持为每一位顾客提供终身免费维修服务。

👤 专家点拨

查看各品牌官网中的相关品牌故事可以发现，除上述类型品牌，还有一种比较常见的品牌故事类型——理念型。这种类型的品牌故事不同于其他品牌故事，是以品牌追求的理念、品牌风格和品牌定位为传播内容的品牌故事。理念型品牌故事适用于走差异化路线的品牌。消费者只要熟知该品牌的理念或风格，看到文案，就会马上联想到这个品牌。例如，美妆品牌花西子的品牌故事就是典型的理念型品牌故事，品牌采用古香古韵的文字展现了品牌诞生的缘由、品牌理念等，使得该品牌与其他美妆品牌区分开来，便于消费者识别。

7.3.2 品牌故事的写作要素

品牌故事一般包括背景、主题、细节和结尾等要素，通过文字将这些要素生动地描写出来，是文案人员写作品牌故事的关键。

1. 背景

背景是指故事发生的历史情况或现实因素等，其写作思路如下。

> 详细交代发生了什么事情，什么时候发生的，有哪些主要人物，故事发生的原因是什么，即故事发生的时间、地点、人物、起因。

需要注意的是，背景的介绍并不需要面面俱到，说明故事的发生是否有什么特别的原因或条件即可。

示例：2018 年的某一天，张园、李霞和王珊 3 个人在一家火锅店聚会。他们偶然说起自己一个人时也想吃火锅，但是总感觉不划算且显得冷清，于是他们一致提出 3 人合伙开一家圆桌旋转小火锅来满足消费者一个人吃火锅的需求，"随便吃旋转小火锅"便因此诞生。

2. 主题

主题是品牌故事所表达的中心思想，其写作思路如下。

通过故事的人物形象描写、情节布局、环境描写和语言描写，自然地叙述所要表达的中心思想，让消费者自行体会和挖掘。

范例　安慕希 AMX 酸奶品牌曾发布了名为"莓花源记"的品牌故事，图 7-7 所示为《莓花源记》品牌故事部分截图。文案化用消费者耳熟能详的文学作品《桃花源记》，采用戏中戏的创意，讲述了渔夫误入莓花源及导演在客户的要求下制作《莓花源记》的故事。视频画面中穿插客户和导演的对话，结合微缩景观塑造的秘境环境，表达了旗下草莓酸奶原料佳、工艺佳、口感佳、味道佳的特点，凸显了新品上市、质佳味美的主题。

图 7-7　《莓花源记》品牌故事部分截图

3．细节

细节是烘托环境气氛、刻画人物性格和揭示主题的关键要素，一般需要文案人员精心设置和安排。一般来说，恰到好处的细节描写应具代表性、概括性、能深刻反映主题，从而给消费者留下深刻的印象。其写作思路如下。

> 设计能烘托环境气氛、刻画人物性格和揭示主题的典型细节，并采用语言描写、动作描写、心理描写和肖像描写等方法，使故事细节更加生动、形象和真实。

范例　京东发布的品牌故事《索》就采用了大量的细节描写，如文案开头以快递员自述的方式描写因为他送货次数多，所以寨子里面的人都认识（见图7-8）；紧接着，品牌故事借助快递员和村民的大量对话论证这一事实（见图7-9），如"大爹放牛啊""侄子来喝茶""兰姐喜欢吃方便面""你也吃一点吧"等。这些细节描写不仅可以衬托人物热情、淳朴的性格，还能使品牌故事更加生动、立体、充满生活气息，进而提高故事的可信度。

图7-8　快递员自述

图7-9　快递员和村民的对话

4．结尾

故事有起因当然就有结尾，告诉消费者故事的结尾，能够加深他们对故事的了解和体会，有利于故事在他们心中留下印象。其写作思路如下。

> 随着故事情节的发展自然而然地结尾，或者直接在结尾处点明故事的主题。

范例　在品牌故事《索》中，由于该地修了大桥、高速公路，村民的生活越过越好，快递员也不再采用溜索的方式送快递，但是经过溜索时，他还是会停下来看看。这就是品牌故事《索》的结尾，该结尾不仅可以凸显主角的责任感和淳朴，加深人物在消费者心中的印象，还能展现当地生活的变迁和我国推进乡村振兴的成果。

> **专家点拨**
>
> 有些品牌故事的结尾还有点评。文案人员可以在品牌故事的结尾添加点评，发表一定的看法，以进一步揭示故事主题。这部分内容应尽量根据品牌故事的内容就事论事、有感而发，以引起消费者的共鸣和思考。

7.3.3　品牌故事的写作技巧

故事要素完整可以更好地进行品牌故事的叙述，但并不意味着这就是优秀的品牌故事。要想写好品牌故事，文案人员还需要运用一些写作技巧，使品牌故事具有可读性和分享性，更好地展现品牌的精神内涵，从而使品牌故事得到更广泛的传播。

1．揭示人物心理

人物的行为是品牌故事的表面现象，人物的心理才是品牌故事发展的内在依据。描写人物的心理即描写人物的思想活动，以反映人物的内心世界，揭露人物欢乐、悲伤、矛盾、忧虑等情绪，可以更好地刻画人物性格。文案人员可以采用以下方法来揭示人物心理。

- **内心独白**。内心独白是一种常用的揭示人物心理的描写方法，以第一人称描述为主，是展现人物内心情感、心理活动的重要手段。
- **心理概述**。心理概述是通过第三人称，以旁观者的身份对人物的内心活动进行剖析、评价。它不但可以更加细腻地表现人物当时的内心活动，还能在展开故事情节的过程中对人物的感情变化进行描述，是一种比较灵活的描写方法。

范例　某家居品牌曾以"她改变的"为主题发布了一系列品牌文案，其中一则品牌文案聚焦执教中国女足的首位本土女性教练水庆霞，讲述了这位教练带领女足做出改变、成功赢得亚洲杯冠军的故事。故事以水庆霞的内心独白开头："17岁第一次踢球，别人说'水庆霞你行不行'；做教练，别人说'为什么是水庆霞，她行不行'。我也不知道行不行，我只是对赢还有渴望。所以应该问的是'水庆霞，你想不想'。"这段内心独白表现了水庆霞面对他人对自己踢球和担任教练的质疑时的复杂心理，包括刚开始的自我怀疑，以及因对胜利的渴望而燃起直面挑战的勇气和决心。

2．增强故事的代入感

品牌故事要想深入人心，应当向消费者传递某种情绪或观念，让消费者感受到品牌的精神和思想，为消费者的记忆与想象增添细节。简单来说，就是品牌故事要让消费者对其中的角色产生代入感，融入其创造的场景中。这就需要文案人员抓住消费者的痛点，实现以情动人。

范例　2022年11月，美团优选发布了一则名为"明天一定到"的品牌文案，该文案讲述了一位母亲不远万里探望在外生病的女儿的故事。故事中，母亲和女儿分隔两地、靠视频联系，女儿做了甲状腺手术后不想母亲担忧而选择隐瞒，母亲匆忙带着老母鸡赶往女儿的工作所在地（见图 7-10），不认识路的母亲四处问路（见图 7-11）等情节，都能很好地让消费者产生代入感，激发消费者的情感共鸣。

图 7-10　母亲匆忙带着老母鸡赶往女儿的工作所在地

图 7-11　不认识路的母亲四处问路

3．揣摩消费者需求

不同的消费者有不同的需求，喜欢的品牌故事也不同，如中老年消费者可能更喜欢有文化积淀的品牌故事，而年轻消费者可能更喜欢新奇、有个性的品牌故事。文案人员在写作时，还可以根据品牌的目标消费人群尽可能地揣摩消费者的需求，然后根据其需求来创作品牌故事，这样能更好地激发消费者的兴趣，进而提升品牌知名度。

范例　某生活用品品牌曾发布了一则以"新的一年，为爱当家"为主题的品牌故事。品牌洞察到当代年轻消费者正在经历家庭身份的"换位"，年轻消费者不管在年龄还是心智上，都已经有了和父母互换角色、承担家庭重任的觉悟。于是，品牌聚焦"换位"，从 3 个家庭出发，讲述了 3 个年轻人成为当家人的一些有趣故事。故事中，长辈和孩子的身份互换，孩子开始叫长辈洗手吃饭、教长辈洗手、做大扫除、给长辈洗头等，这都是品牌在揣摩和分析消费者需求后设计的情节，不仅满足了年轻消费者想要当家做主、为家庭承担责任的心理需求，还能够引起消费者的关注与强烈共鸣，鼓励更多的年轻人去为爱当家。

4．借势当前热点

热点自带一定的流量和曝光量，除了活动文案可以借势热点外，品牌故事也可以借势当前的热门话题、人物或事件，如高考、节日、比赛等。需要注意的是，文案人员在选用热点时要有原则和底线，不能随意、盲目地利用那些有争议的、负面的或有不良价值导向的热点，或故意借热点写作容易挑起对立、争议的品牌故事，以免影响品牌形象。

范例 2022年11月，第22届世界杯在卡塔尔举办。比赛开始前，与比赛有关的话题就引发了热议，蒙牛也借势该热点发布了一则品牌故事，图7-12所示为蒙牛品牌故事片段截图。故事结合1978—2018年每一届世界杯的经典场面，讲述了主人公和父亲与青春回忆有关的趣事，如主人公的父亲1978年通过老式收音机收听第1届世界杯、1982年观看第2届世界杯后取得优异的高考成绩等。故事通过这些充满回忆的片段，勾起了许多消费者的青春回忆，从而激发了消费者的情感共鸣，进而引发了消费者的自主传播。

图7-12 蒙牛品牌故事片段截图

阅读与思考：《新年第一单》——京东品牌故事

京东在新年期间发布了一则名为"新年第一单"的品牌文案，该品牌文案讲述了7个消费者在京东购买商品的故事，包括女儿去了北方才发现没有暖气的老家很冷，于是给妈妈买了取暖器；小伙在买的专业书中写下"我一定会靠自己的努力，在这个城市扎根"的志向；孙子送给爷爷一部手机，而爷爷经常用这部手机看孙子的朋友圈等。

与其他品牌讲述故事的方式不同，该品牌故事的写作角度十分新颖、独特。该品牌故事通过拟人的手法，以商品的视角和口吻进行讲述（见图7-13），如"我是你新年下单的第一件物品"等。品牌将商品比作消费者身边有生命的旁观者，客观地呈现出主人公面对"新年第一单"时的情感状态，很好地让消费者产生了代入感，激发了消费者的情感共鸣。

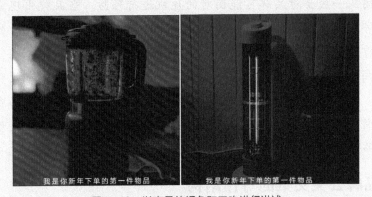

图7-13 以商品的视角和口吻进行讲述

思考：（1）《新年的第一单》为什么能够引起消费者的情感共鸣？（2）该品牌故事应用了哪种写作技巧？

7.4 品牌公关文案写作

在电子商务领域，品牌想要在市场上立足，除了要有领先的技术优势或高质量的商品外，塑造良好的品牌形象也非常重要，而品牌公关文案就是用来帮助品牌塑造正面形象、化解品牌危机，赢得消费者信任的一种文案。品牌公关文案对品牌形象的影响重大，文案人员需要重点掌握。

微课

7.4 品牌公关文案的写作

7.4.1 品牌公关的含义与作用

所谓品牌公关，是指以维护和塑造品牌形象为目的的传播活动，能通过维持和改善品牌与消费者的关系，化解品牌危机，提升品牌知名度并促进品牌增值。品牌公关强调运用一系列的公关策略（如开展公益活动、进行创始人专访、召开发布会等）来传递品牌理念，塑造正面的品牌形象，提升品牌价值乃至实现创造利润与价值的品效合一。总的来说，品牌公关的作用主要包括以下几点。

- **塑造良好的公众形象**。品牌公关会通过媒体不断地、有效地向消费者传递品牌的积极、正面信息，从而提高品牌的知名度和美誉度，达到树立良好形象的目的。尤其是一些公益性的品牌公关活动，更容易获得媒体和消费者的良好口碑，进而塑造良好的公众形象。

- **传递品牌理念**。一般来说，品牌开展的一系列公关策略会在品牌文化、品牌理念的基础上实施。依靠媒体的传播，消费者可以直接或间接地接收品牌所传递的信息，进而潜移默化地接受品牌理念。

- **有效预防和处理公关危机**。品牌公关团队的重要工作是处理品牌危机，品牌公关团队一般会对品牌可能面对的危机进行预防。当品牌出现危及品牌形象或信誉度的事件和情况时，品牌公关团队可以快速反应、及时处理，进而化解品牌危机，重塑正面形象。

- **促进商品销售**。良好的品牌公关活动可以提升品牌口碑，有效获取消费者的信任。这对品牌商品的销售也有一定的促进作用，尤其是在品牌发布新品、推广新技术等公关活动中，通过吸引消费者积极参与和传播，可明显推动品牌商品的销售。

7.4.2 品牌公关文案的写作结构

品牌公关文案有多种写作方法，文案人员在写作时可以结合公关策略并参考第3章中有关电子商务文案的具体写作知识。需要注意的是，在电子商务时代，技术的革新使得信息的传播更加迅速，尤其是品牌负面信息的传播更甚，因此预防和处理公关危机的品牌公关文案越发重要。优秀的品牌公关文案可以帮助品牌重塑正面形象，重新赢得消费者信任。品牌公关文案作为危机公关过程中必不可少的内容，常按照图 7-14 所示的结构进行创作。

图 7-14　品牌公关文案的写作结构

模板

×× 针对 × × 的声明

针对 ×××××××××××× 的问题（事件起因），我们高度重视，并充分意识到自己 ×××××××× （承认过错），对于给 ×× 带来的困扰，我们表示最诚挚的歉意。

×× 一直高度重视 ×××××××××××××××××××× （表明态度），对于 ×× 指出的问题，×××××××××××××××（简单解释，给出解决方案）。最后非常感谢你们的监督与批评，我们将 ××××××× （再次表明态度），同时也欢迎大家提出建议与意见，我们将不断 ×××××××××××，继续 ××××××××× （提出愿景）。

×× （品牌名称）
×× 年 × 月 × 日

👤 **专家点拨**

要想品牌公关文案取得良好效果，相关人员一是要及时响应，二是要以理服人，三是要态度诚恳。如果品牌不存在过错，而被卷入危机事件中，可按照"说明事件的原因＋表明自己的态度＋描述现状＋提出解决措施＋感谢＋提出品牌愿景＋落款并加盖公章"的结构撰写文案。若是受到了诬陷，则需要及时澄清事实。

📈 同步实训：为欣韵茶品牌撰写品牌文案

【实训背景】

我国是茶树的原产地，中国茶业兴起于巴蜀，而后逐渐扩散到全国，成为中华民族之国粹。我国茶文化在唐代传至日本、朝鲜，16世纪后传入西方国家。孙兴是四川峨眉山的一名茶叶生产户，经过多年不懈的努力和经营，他终于在2023年创立了自己的茶品牌，并将其命名为欣韵。图7-15所示为欣韵品牌旗下的热推茶叶。鉴于欣韵品牌在网上没有太大名气，于是该品牌决定安排文案人员王远写作品牌文案来宣传自己。

【实训要求】

（1）写作直接嵌入品牌名称的品牌标语。

（2）写作围绕创始人展开的人物型品牌故事。

【实训步骤】

（1）写作直接嵌入品牌名称的品牌标语。可以直接将品牌名称与能表达品牌内涵和特质的其他词语或短语结合。

图7-15　欣韵品牌旗下的热推茶叶

> **示例：**
>
> 品欣韵茶叶，享悠然人生
>
> 人生自古多美茗，不品欣韵不知香
>
> **写一写：**
>
> _____
>
> _____
>
> _____
>
> _____

（2）写作围绕创始人展开的人物型品牌故事。写作时应当遵循品牌文案的写作流程，按照收集与整理资料→提炼并确定主题→撰写初稿→斟酌、修改稿件→定稿的流程进行写作。

① 收集与整理资料。围绕创始人展开的人物型品牌故事可以从创始人的创业经历、品牌的创建等入手来收集与整理资料。此阶段可以查阅本书提供的素材文件（配

套资源：\素材文件\第7章\茶叶品牌相关资料），选取适合的内容。

② 提炼并确定主题。品牌故事的主题要与品牌理念和品牌定位相关。

示例：

用心种茶、制茶，用行动回馈家乡

写一写：

_____

_____

_____

③ 撰写初稿。品牌故事的写作要素包括背景、主题、细节、结尾等，在撰写初稿时，应当详细体现。

示例：（主题已在前述步骤中确定，故初稿中的主题实际蕴含在故事中）

2015年，孙兴辞职回到家乡，为了让家乡的茶叶走出去，让更多的消费者喝到家乡的茶叶，发展家乡特色，促进当地经济的发展，孙兴决定种植茶树、生产茶叶。（背景）

在相关政策的扶持下，返乡不久的孙兴就申请了贷款，在家乡种植茶树。为了生产出具有当地特色的茶叶，孙兴不仅请了技术专家帮助自己，还搬到了种植区居住。另外，孙兴还自己晒茶、炒茶、制茶、试茶，反复摸索后才敲定了其品牌茶叶的味道和制作方法，并通过了质检部门的认证，开始上市销售茶叶。（细节）

孙兴的种植规模不断扩大，创造了不少就业岗位，助力家乡电商崛起，带领家乡茶叶种植户共同发展，促进当地致富。（结尾）

写一写：

_____

_____

_____

_____

_____

_____

_____

④ 斟酌、修改稿件。简单整合这些要素写作出来的品牌故事可能会稍显生硬，需要进行拓展和筛选，这时文案人员可以结合一些品牌故事的写作技巧，如在文案中

适当添加细节，揭示孙兴的心理活动，彰显他对茶叶品质的重视。另外，文案人员还需注意优化故事细节和整体内容。

⑤ 定稿。

示例：

孙兴是一个土生土长的峨眉山人，2015 年，为了让更多的消费者喝到家乡的茶叶，孙兴辞职回到家乡，决定制作茶叶。在相关政策的扶持下，返乡不久的孙兴就申请了贷款，在家乡种植茶树。为了成功种植茶树并生产出具有当地特色的茶叶，孙兴一方面虚心向老茶师学习，弥补自身短板；另一方面自己晒茶、炒茶、制茶、试茶，并且边动手边记录数据，将日晒时间、炒制、揉捻时间都编号登记保存。通过反复摸索，孙兴终于敲定了其品牌茶叶的味道和制作方法，并通过了质检部门的认证，开始上市销售茶叶。最终，借助电子商务平台，孙兴成功将茶叶销往全国各地，并创建了欣韵茶品牌。现在，他的茶叶种植区的规模已不断扩大，他还为家乡提供了 200 多个就业岗位。

在孙兴看来，欣韵不仅是售卖茶叶的品牌，更是一个可以促进家乡经济发展的品牌。他将时刻不忘初心，用心做好茶叶，用行动回馈家乡。

写一写：

_____

_____

_____

_____

_____

_____

_____

巩固与练习

1. 选择题

（1）【单选】下列选项中，不属于品牌文化的特点的是（　　　）。

　　A. 差异性　　　　B. 持续性　　　　C. 不变性　　　　D. 发展性

（2）【单选】讲述品牌的历史故事，通过展示品牌从创建到现在的经历，表明品牌经得起时间和消费者检验的品牌故事属于（　　　）。

　　A. 卖点型品牌故事　　　　　　B. 人物型品牌故事

　　C. 理念型品牌故事　　　　　　D. 历史型品牌故事

（3）【多选】品牌故事的写作要素包括（　　　）。

　　A. 背景　　　　B. 主题　　　　C. 细节　　　　D. 结尾

（4）【多选】品牌故事细节的描写方法包括（　　　）。

　　A. 语言描写　　　　　　　　　B. 动作描写

　　C. 心理描写　　　　　　　　　D. 语气描写

2. 填空题

（1）＿＿＿＿＿＿＿＿＿＿是指把商品或品牌与现实的使用场景结合起来，让消费者产生代入感。

（2）"智慧生活可以更美的"品牌标语采用的写作方法是＿＿＿＿＿＿＿＿。

（3）＿＿＿＿＿＿＿＿品牌故事是凸显商品精湛工艺、优越产地、独特原料、核心技术、制作水平等＿＿＿＿＿＿＿＿的品牌故事。

3. 判断题

（1）品牌文化有较强的持续性，以稳定的形态长期存在，这说明品牌文化一旦确定，就不会发生变化。　　　　　　　　　　　　　　　　　　　　　　（　　　）

（2）小米的品牌标语"永远相信美好的事情即将发生"采用了展现商品卖点的写作方法。　　　　　　　　　　　　　　　　　　　　　　　　　　　　　　（　　　）

（3）品牌公关文案是品牌在遭遇负面信息时发布的一种文案，对品牌挽回消费者信任起着至关重要的作用。　　　　　　　　　　　　　　　　　　　　　　（　　　）

4. 实践题

（1）现有一名为"慧柔"的纸巾品牌，该品牌旗下的纸巾不仅柔韧、亲肤，还可以干湿两用，请试着使用展现商品卖点的方法为其写作品牌标语。

（2）以下为品牌绣名创始人的相关资料，请试着为该品牌写作人物型品牌故事。

52岁的欧阳梅是一位经验丰富的蜀锦大师，是四川省工艺美术大师、成都市蜀锦非遗传承人。儿时，欧阳梅家里的很多长辈都是蜀锦高手，他们经常聚在一起制作蜀锦，这让她深受影响，从小就喜欢上了蜀锦。10岁左右，她就在母亲的指导下学习制作蜀锦。复杂的蜀锦技艺对于一个小孩来说很难掌握，欧阳梅也曾想过放弃，甚至哭闹、故意毁掉作品，然而母亲的教诲和成品带来的满足感（看到成品就觉得辛苦是值得的）一直激励着她。经过多年的努力，欧阳梅在蜀锦技艺上取得了突破，创新性地应用手工小梭挖花断纬或盘织法，在同一纬向上同时织出多种不同的颜色。而且，她对作品要求高，经常花大半年时间来完成一件作品。后来，她荣获第3届民间刺绣工艺优秀传承人奖，并前往欧洲多国参加刺绣交流会议。2023年，她成立了成都绣名蜀锦工艺有限公司，创立了品牌绣名。该品牌旗下拥有多种蜀锦商品，包括蜀锦丝巾、蜀锦挂画（主打商品，加入了四川特色元素）、蜀锦书签等。多年来，欧阳梅还在多地创办了绣坊、开办了蜀锦培训班，培养了千余位绣娘。

（3）青平是一家售卖手工灯笼的淘宝网店。2023年5月10日，该网店准备开展3周年店庆活动，消费者购满158元立减20元。但是在活动当天，网上有消费者称网店故意抬高价格后再开展促销活动，调查发现该消息不属实，事实是该消费者2022年首次在该网店购买商品时领取了一张20元的无门槛优惠券，导致当时的实际支付价格比商品原价低。请试着就该事件为网店写作一则危机公关文案。

第8章 微信与微博文案写作

第8章

案例引入

　　2021年12月29号，珀莱雅分别在微信和微博中发布了一则文案，宣布发起#2022祝你下一站翻身#主题活动，品牌将在深圳地铁5号线翻身站举办新年诗歌展，并邀请了各行各业的创作者以"希望"为主题，写下新年的第一首诗。次日，珀莱雅再次发布文案，揭晓所选的诗歌与创作者。随后，珀莱雅又在微博连发28条文案并与网友互动，创作者也纷纷在微博转发文案和印有诗歌的活动海报，为活动造势。当晚，珀莱雅#2022祝你下一站翻身#话题冲上微博热搜榜，阅读次数近5000万人次，讨论量数万人次，引起了网友的广泛热议与传播。通过这次与创作者的联动和多平台的推广，珀莱雅不仅提升了品牌的知名度，还在消费者心中塑造了一个有文化、有温度的品牌形象。

　　微信和微博是当下热门的社交媒体平台，也是电子商务时代品牌开展营销的重点平台，因此，微信与微博文案也是非常重要的电子商务文案。文案人员要熟练掌握微信与微博文案的写作方法和技巧，以提升品牌知名度，促进商品销售。

学习目标

- 掌握朋友圈文案、公众号文案和微信群文案的写作技巧。
- 掌握微博文案的特点和写作技巧。

素养目标

- 培养理性表达、文明互动的意识和行为。
- 培养通过微信、微博传递正能量的意识。

8.1 微信文案写作

微课

8.1 微信文案
写作

微信是基于智能移动设备而产生的即时通信软件，是当今十分流行的社交媒体平台，也是各大品牌营销推广的重点平台。通常，品牌会在朋友圈、公众号、微信群中发布有利于商品销售、提升品牌形象的营销文案，进行营销推广。

8.1.1 朋友圈文案写作

朋友圈是微信的主要功能模块之一，是一个分享个人信息的平台，用户可以在朋友圈中分享生活趣事、热点事件、个人感悟等内容。很多品牌都以店主、客服的名义注册个人微信号并发布朋友圈文案来进行营销推广。由于朋友圈比较私人化，因此朋友圈文案要想在有可看性的同时实现营销的目的，就需要文案人员掌握如下写作方式。

1. 直接告知商品或品牌信息

直接告知商品或品牌信息是常见的朋友圈文案写作方式，其不需要太多复杂的写作技巧，直接告知需要介绍的商品或品牌信息即可，写作思路如下。

> 直截了当地告知消费者商品或品牌的相关信息，包括商品详情、优惠活动、上新情况、发货情况等。

范例 图 8-1 所示为某品牌客服发布的朋友圈文案，文案直接展示了近期的商品优惠活动，以吸引消费者参与。

> 👤 **专家点拨**
>
> 这类朋友圈文案不能太频繁地出现在朋友圈中，否则可能会招致消费者对账号的屏蔽、拉黑，每天发布 1~2 则或每两天发布 1 则为佳。

2. 分享日常生活

分享日常生活的朋友圈文案不仅可以树立热爱生活、亲切的个人形象，还可以降低消费者的抵触心理，进而让他们在不知不觉中认可文案内容，达到营销推广的目的。其写作思路如下。

> 结合日常生活事件写下自己的感悟或感受等，传递有趣、积极、快乐、向上的情绪，或将需要推广的商品或品牌信息自然地融入分享的故事中。

范例 图 8-2 所示为某品牌文案人员发布的朋友圈文案，文案从表面看是在展示九寨沟的美景，实则是在推广九寨沟跟团游。

3. 融合热点

融合热点的朋友圈文案更容易调动消费者的好奇心，吸引消费者关注。这种文案通常要求文案人员要及时关注当前的热点事件，并能尽量将其与要推广的商品或品牌结合。其写作思路如下。

图8-1　直接告知商品或品牌信息

图8-2　分享日常生活

从近期的热点中挑选可以和商品或品牌结合的热点，然后就热点发表自己的观点或感悟，并融入商品或品牌信息。

范例　图8-3所示为某品牌文案人员发布的朋友圈文案，当时"AI绘画"特效是热议话题，网友纷纷应用"AI绘画"特效拍摄短视频，于是该文案便将热点和商品结合起来，以引起消费者的关注。

4．分享专业知识

在朋友圈中分享专业知识，能帮助消费者解决一些实际问题，提高文案发布者在消费者心中的专业度和可信度，为商品的销售打下坚实的基础。其写作思路如下。

整理并创作与商品有关的实用小知识，如商品的使用方法、使用技巧，或能增长见识的知识性内容等。

范例　图8-4所示为某手机品牌文案人员发布的朋友圈文案，该文案分享了一些能提高办公效率的手机使用技巧，能很好地树立专业形象，并加深消费者对商品的认识。

> 👨‍💼 **专家点拨**
>
> 要想朋友圈文案吸引更多消费者的关注，文案人员可以从这些方面考虑：一是将小红书、微信公众号和视频号等其他途径中的有用内容简单编辑后转发至朋友圈；二是整理已购买商品的消费者的正面评价，将其使用感受、反馈图等以文案的方式分享到朋友圈中，让更多的潜在消费者了解商品，塑造品牌的正面形象，吸引更多的消费者购买。

图8-3　融合热点

图8-4　分享专业知识

8.1.2　公众号文案写作

公众号是品牌在微信公众平台上申请的应用账号，也是品牌的营销"主战场"。公众号文案主要面向已关注微信公众号的粉丝，通过文案内容来与粉丝互动，以提高粉丝对品牌的忠诚度，扩大品牌影响力，进而提升整体营销效果。总的来说，公众号文案主要由封面图、标题、摘要和内文 4 个部分组成，下面从这 4 个部分入手，详细介绍公众号文案写作。

1．封面图

封面图一般是对公众号文案的简要说明和体现，用以快速吸引消费者眼球，并引发他们的阅读欲望。公众号文案的封面图有两种尺寸，一种是单图文（仅一篇文案）封面图（见图 8-5）和多图文首篇（多篇文案中的第一篇）封面图，它们的长宽比为 16 ：9，图片尺寸建议为 900 像素 ×500 像素，支持 JPG、PNG 和 GIF 等格式，大小不超过 5MB；另一种是多图文次篇（多篇文案中的其他篇）封面图（见图 8-6），其长宽比为 1 ：1，图片尺寸建议为 200 像素 ×200 像素。

图 8-5　单图文封面图

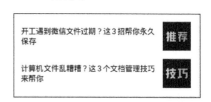

图 8-6　多图文次篇封面图

公众号文案封面图的设计思路主要如下。

> 围绕公众号文案的主题设计图片，保证图片与公众号的风格、定位相符，并在其中添加一些具有趣味性、独特性的元素，如品牌 Logo、品牌形象等。

需要注意的是，多图文次篇封面图的尺寸较小，简单、直观即可。若多图文推送的内容分为不同系列，可以为每个系列设计对应风格的封面图，或统一各系列风格，设计样式相同的封面图。

2．标题

除封面图外，好的标题也能够吸引消费者对公众号文案的阅读兴趣。文案人员在写作公众号文案标题时，可参考第 3 章中电子商务文案标题写作的相关内容，此处不再赘述。此外，文案人员在写作公众号文案标题时，还可以结合当下的网络流行词，以增强文案的趣味性和可读性，吸引更多的消费者阅读文案。

3．摘要

摘要是公众号文案封面图下面的引导性文字（见图 8-7），可以快速引导消费者了解公众号文案的主要内容，或吸引消费者点击公众号文案，增加点击量和阅读量。一般来说，摘要字数不宜太多，要控制在 50 字以内，其写作思路如下。

根据标题和文案内文来拟定，保证简洁、精练、有吸引力，如揭示文案内有惊喜、优惠，或是体现主旨等。

图 8-7   摘要

👤 **专家点拨**

一般来说，摘要在单图文公众号文案中会显示，在多图文公众号文案中则不会显示，但当多图文公众号文案中的某篇文案被单独分享出去后，其摘要将被显示。若不设置摘要，原摘要位置则会自动显示内文开头的文字，这就没有发挥摘要的作用，因此文案人员应注意设置摘要。

4．内文

公众号文案在利用封面图、标题、摘要等引起消费者的关注后，还需要用优质的内容来打动消费者。一般来说，公众号文案主要有原创和转载两种模式，原创难度较大，但更有特色；转载相对简单，直接发布取得授权的原公众号内容并标明文案出处即可。公众号文案内文的写法也可以参考第 3 章电子商务文案内文写作的相关内容，这里补充一些公众号文案内文的写作技巧。

● **兴趣引出**。兴趣引出是指根据微信公众号的定位，结合网络流行趋势、推广商品的特征以及消费者喜好，选择一个消费者感兴趣的话题作为文案切入点，如使用技巧、音乐、电影、健康、旅游等。

● **故事引导**。公众号文案可以通过讲述一个感人的、有趣的或悲伤的故事，让消费者充分沉浸到故事情节中，最后在故事结尾处点明商品。但使用这种技巧写作的文案一定要保证故事情节的合理性，并找到故事与商品的关联之处，这样才方便商品的植入。

 阅读与思考：从粉丝兴趣切入——某乐器网店的公众号文案

为了促进商品的销售，某乐器网店开设了一个公众号进行营销推广。该公众号的定位是为乐器演奏爱好者服务。由于粉丝的共同兴趣是音乐，因此该公众号的文案大多从音乐入手，即先从一首热门歌曲切入，再在其中植入网店商品。

图 8-8 所示为乐器网店的公众号文案。为了吸引消费者点击，文案标题巧妙地设置了悬念，

让消费者产生"究竟是哪首经典歌曲"的疑虑，进而点击查看文案内文。文案内文先是直接展示歌曲中的歌词，并揭晓答案——Beyond乐队的《喜欢你》。在勾起人们的回忆后，紧接着添加了该歌曲的弹唱教学视频，并附上乐器的购买链接，方便消费者直接前往网店下单购买。然后详细介绍了该歌曲，并在文案结尾处附上曲谱，以及网店在其他平台中的账号，不仅方便消费者学习，增加消费者的好感度，还可以为其他平台的账号引流，提升账号的整体知名度。

图8-8　乐器网店的公众号文案

思考：（1）该公众号文案的标题是如何设置悬念的？（2）该公众号文案的内文运用了哪种写作技巧？

8.1.3　微信群文案写作

微信群可以实现多人实时聊天，还可以分享图片、视频、网址等。目前，微信群也是品牌营销推广的常用平台，而微信群文案则是在微信群中进行营销推广的载体。

1. 微信群文案的类型

一般而言，微信群文案主要包括引流文案、进群欢迎文案、活动预告文案和商品推广文案等。

- **引流文案**。引流文案即为吸引更多消费者主动加入微信群而写作的文案。一般来说，写作引流文案时首先应该明确微信群的目标消费人群，了解消费者的需求，然后用简洁的语言将微信群能带给消费者的益处表述清楚，这样才会有足够的吸引力。

- **进群欢迎文案**。消费者加入微信群后，也许并不清楚微信群的作用、规则、福利等，因此进群欢迎文案显得十分重要。进群欢迎文案可以包含的内容有欢迎语、微信群主题、微信群福利、微信群规则等，图8-9所示为进群欢迎文案。

- **活动预告文案**。为了提高群内消费者的活跃性，微信群一般会不定时地开展一些活动，如线上抽奖小活动、线下打卡活动等。活动预告文案是为吸引消费者参与互动而写作的文案。一般来说，在活动开始前就需要写作活动预告文案，内容应包括活动时间、活动主题、活动规则、活动福利等。图8-10所示为活动预告文案。

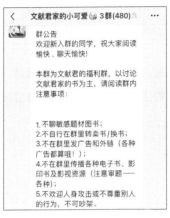

图8-9　进群欢迎文案

图8-10　活动预告文案

- **商品推广文案**。商品推广文案即与商品推广有关的微信群文案，主要内容包括商品信息、商品功效、商品优惠等。但是，微信群中不宜过多发布商品推广文案，否则容易引起消费者的反感，每天发布一两则即可。

2. 微信群文案的写作结构

微信群文案是为微信群营销服务的文字载体，不管是活动的推广还是微信群的宣传、商品的变现，都需要文案引导消费者付诸行动。为了让更多的消费者关注微信群文案，并做出文案号召的某种行动，文案人员可以参考以下写作结构。

模板： @所有人＋商品／活动信息＋卖点＋链接＋二维码

示例：

@所有人

最近许多小伙伴都在问我怎么选购电饭煲，今天给大家推荐一款适合2~8人的智能电饭煲。这款电饭煲有4L大容量，一次能煮2~8人的米饭，可以轻松满足亲朋聚会和日常需求。这款电饭煲还有十大功能菜单，如蒸菜、煲汤、煮杂粮粥、做蛋糕等，让你在家也能使用电饭煲烹饪各种各样的美食。让人惊喜的是，最近两天这款电饭煲正在打折，只要199元就能买到！这也太划算了吧！

购买链接：×××××××××××××

二维码：×××××××××××××

上述结构中，@所有人（提醒功能）可以很好地提醒所有群成员查看消息，文案人员可以使用该功能。另外，在微信群文案中添加链接（包括商品购买链接、线上商城小程序链接、直播链接、公众号文案链接等）和二维码不仅便于消费者进行相关操作，还有助于提升商品的转化率。

专家点拨

与其他类型的电子商务文案不同，微信群文案多采用对话的形式，因此在写作微信群文案时，文案人员应使用直白、通俗、活泼的语言，营造出一种轻松愉悦的交流氛围。

素养课堂

文案人员在微信群中发表言论时，应当遵守法律法规，做到文明互动、理性表达，不得制作、复制、发布和传播扰乱社会秩序、损害国家荣誉和利益的信息。同时，文案人员还应当规范群组的网络行为和信息发布，构建文明有序的微信群环境。

8.2 微博文案写作

微博是基于社交关系获取、分享与传播信息的社交媒体平台，用户体量非常大，发布信息和传播信息的速度也非常快。如果品牌拥有数量庞大的粉丝，则发布的信息可以在短时间内传达给大量的消费者，甚至形成爆炸式的推广效果，微博也因此成了品牌营销的必争之地，很多品牌都专门在微博开设了营销账号，并利用微博文案进行推广。

微课
8.2 微博文案的写作

8.2.1 微博文案的特点

微博是一种具有鲜明特征的网络媒介，具有及时性、交互性、海量化、碎片化等传播特征。受这些特征的影响，在微博平台上传播的微博文案也具有简练精要、互动性强、趣味化和传播迅速的特点。

1. 简练精要

微博文案多短小精悍。与公众号文案相比，微博文案更加言简意赅、通俗易懂。

范例 图8-11所示为百草味发布的微博文案，该文案用简短、直白的语言对商品进行了描述。

2. 互动性强

微博作为一个社交平台，其用户之间的交互性很强。为了更好地与消费者交流互动、增强文案的转化效果，文案人员一般都会发布互动性较强的文案。

范例 图 8-12 所示为海尔发布的微博文案，为了让消费者参与评论，该文案采用了"提问＋送盲盒"的方式，这很好地增强了消费者的参与兴趣与文案的互动性。

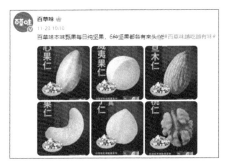

图 8-11 百草味发布的微博文案

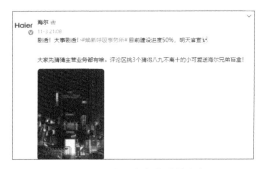

图 8-12 海尔发布的微博文案

3．趣味化

网络中的众多流行词汇、表情包、热点话题等，大多先出现在微博中。在这样一个丰富多彩的环境下，微博文案通常具有趣味化的特点，具体体现在个性化的语言和丰富的配图上。很多时候，微博文案都会带上各种各样的话题、流行词汇、表情符号。同时，微博文案基本上不会只有文字，多为文字与简短的视频、普通图片、长图、GIF 动图、表情包、超链接等的组合，形式丰富、趣味性强。

4．传播迅速

在微博中，一则有趣、优质的文案会在较短的时间内引起众多消费者的转发、点赞，达到迅速传播的目的，尤其是能激起消费者情感共鸣、趣味性强的文案，更能促进消费者的迅速转发。

8.2.2 微博文案的写作技巧

微博拥有高达几亿的用户，每天产生的信息数量非常庞大，但每一位用户几乎都只关注自己感兴趣的信息。为此，除了通用的文案写作方法之外，文案人员还需要掌握一些特定的微博文案写作技巧。

1．利用话题

微博平台自带话题功能，发布带有话题的微博文案，可以增加微博文案被传播的可能性，促进微博文案阅读人数的增加。特别是微博话题榜中的话题，往往是一段时间内大多数消费者关注的焦点，借助话题的高关注度来宣传商品或品牌，可以迅速获得消费者的关注。其写作思路如下。

使用直白、通俗的话语将商品或品牌与话题自然关联起来，然后在文案的开头或结尾处添加"＃话题词＃"（代表参与某个话题）。

范例 图 8-13 所示为三翼鸟利用话题榜中的"怎样的家是真正的智慧家"话题创作的微博文案，文案直接利用该话题的热度来宣传品牌，表明三翼鸟可以帮助消费者打造真正的智慧家。

> **专家点拨**
>
> 除了利用已有的热门话题，文案人员还可以自己发起话题。在发起话题时，文案人员通常需要遵循两个原则：一是话题最好与消费者的生活息息相关，能引起消费者的兴趣；二是话题最好比较简单，便于消费者快速参与。

图8-13　三翼鸟利用话题榜中的"怎样的家是真正的智慧家"

话题创作的微博文案

2．解答疑难

除了利用话题，选取与消费者工作、生活息息相关或消费者普遍面临的问题、难题来创作文案，也可以引起消费者的注意。文案人员如果能针对这些问题给出良好的解决方案，就可能获得消费者的认可和信任。其写作思路如下。

> 采用提问、直诉等形式说出消费者可能面临的问题，然后以简洁利落的语言详细介绍解决办法。

范例　图8-14所示为家电品牌小天鹅的官方微博账号发布的两则微博文案，文案先提出了大多数消费者面临的问题——冬天衣物潮湿、天冷关窗造成空气污浊，然后指出品牌旗下的烘干机、净化器可以解决问题，不仅引起了消费者的注意，还促进了烘干机、净化器的销售。

图8-14　家电品牌小天鹅的官方微博账号发布的两则微博文案

3．借势热点

在微博中,热点的传播速度快且范围广,特别是节日、节气、重大赛事等相关热点,品牌一般都会提前围绕热点进行策划。因此,围绕热点写作的微博文案在微博中也很常见。只要文案新颖、有创意,就能获得许多消费者的关注和讨论。借势热点的微博文案的写作思路如下。

> 对热点进行分解,找出可以和商品或品牌关联的关键词,然后结合热点和关键词写作微博文案。

范例　图8-15所示为饮料品牌王老吉在2022年国庆节期间发布的微博文案。品牌以"露营""聚会"作为与国庆节关联的关键词,将商品与国庆节关联起来,不仅可以扩大文案的传播范围,还可以引导有露营、聚会需求的消费者购买商品。

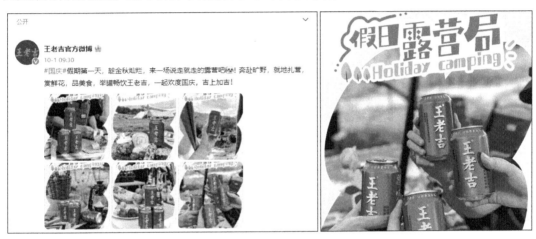

图8-15　饮料品牌王老吉在2022年国庆节期间发布的微博文案

阅读与思考:借势热点吸引消费者目光——海尔微博文案

海尔是我国的知名家电品牌,商品涵盖冰箱、冷柜、洗衣机、热水器、空调、电视、厨电、智慧家电和定制品等多个品类。几年前,随着社交媒体平台的迅猛发展,海尔看到了其中的巨大商机,逐步开通了官方微博账号、官方微信公众号等。为提高品牌知名度、美誉度,树立良好的品牌形象,促成商品或服务的销售,海尔在微博上凭借有趣且具有创意的热点文案,一次又一次地吸引了消费者的眼球。

例如,当2017年父亲节来临时,在众多品牌围绕父爱、亲情等写作情感文案时,海尔却在微博中发布了"爸,节日快乐(这辈子除了我亲爸,你就是我最亲的爸了……)"的文案,并附上了美国工程师及发明家威利斯·卡里尔(Willis Carvier)(被后人誉为"空调之父")的照片,文案幽默且有趣,引发了众多消费者的转发和讨论。此外,海尔还经常借助节气、节日等的热度创作微博文案,图8-16所示为海尔借2022年霜降节气发布的微博文案,图8-17

所示为海尔借 2022 年中秋节发布的微博文案。文案均将节气、节日与品牌进行关联，借用节气、节日的热度和流量带动品牌和商品的宣传。

图 8-16 海尔借 2022 年霜降节气
发布的微博文案

图 8-17 海尔借 2022 年中秋节
发布的微博文案

思考：（1）案例中，海尔发布的微博文案应用了哪种写作技巧？（2）品牌在选择热点时需要注意什么问题？

📈 同步实训：为电动牙刷写作朋友圈文案和微博文案

【实训背景】

口腔健康直接关乎人们的身体健康。近年来，各地政府部门根据国家卫生健康委办公厅印发的《健康口腔行动方案（2019—2025 年）》采取了与口腔健康相关的众多举措，旨在全面提升我国口腔健康水平，助力健康中国建设。对于口腔健康而言，刷牙的重要性不言而喻。爱牙是一个电动牙刷品牌，现推出了一款智能电动牙刷（见图 8-18），其具体信息为：每分钟震动 36000 次，深层清洁口腔死角和牙菌斑；刷头采用灵敏小圆头设计，呵护牙龈；长久续航，一年仅需充一次电；采用全新降噪技术，刷牙无噪声；全身防水，可随意冲洗。为了促进新品的销售，品牌现决定让文案人员小方分别撰写一则微信朋友圈文案和微博文案。

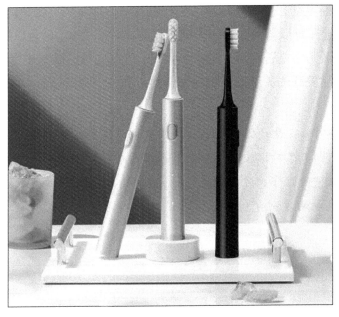

图 8-18　智能电动牙刷

【实训要求】

（1）为该智能电动牙刷写作分享日常生活的微信朋友圈文案。

（2）为该智能电动牙刷写作结合话题和热点的微博文案。

【实训步骤】

（1）为该智能电动牙刷写作分享日常生活的微信朋友圈文案。这需要将商品信息自然融入分享的内容中，如分享补牙的经历，突出使用电动牙刷的重要性，或分享自己选购电动牙刷的经历。

示例：

　　我从小到大都特别喜欢吃甜食，每次吃完都没有好好刷牙，结果长蛀牙了。给我补牙的医生建议我使用电动牙刷刷牙，并且要刷满 3 分钟！等了 3 天，我买的智能电动牙刷终于到了。不得不说，比我手动刷得要干净很多。这下我终于可以放心吃蛋糕啦！（附图片）

写一写：

_____

_____

_____

_____

_____

（2）为该智能电动牙刷写作结合话题和热点的微博文案。选择话题时，可以先查看微博话题榜，选择可以与商品产生关联的话题，如果没有，则可以搜索想要的话题，通过阅读量的高低判断是否选用。选择热点时，可以先查看微博热搜榜，选定热点后，再找出可以和商品关联的关键词，然后结合热点和关键词写作。

示例：

中秋节就要到啦！爱牙提前祝小伙伴们中秋节快乐！

中秋假期也少不了对口腔的呵护，爱牙家的智能电动牙刷可以有效清洁口腔死角和牙菌斑，双重防蛀守护牙齿健康。吃完月饼、零食刷一刷，快速清洁口腔，还你清新口气！＃电动牙刷＃（附图片）

写一写：

_____

_____

_____

_____

_____

巩固与练习

1. 选择题

（1）【单选】下列有关微信文案的说法中，正确的是（　　　）。

　　A. 朋友圈文案一定不要直接展示商品，否则可能会引起消费者的反感

　　B. 公众号文案是微信文案中最重要的一种文案

　　C. 撰写分享专业知识的朋友圈文案可以提高文案发布者在消费者心目中的专业度和可信度

　　D. 微信群中不宜发布过多商品推广文案，一天发布 4~5 则即可

（2）【单选】在微信群中，为预告抽奖小活动而写作的微信群文案属于（　　　）。

　　A. 引流文案　　　　　　　　　　B. 活动预告文案

　　C. 进群欢迎文案　　　　　　　　D. 商品推广文案

（3）【多选】微博文案的特点包括（　　　）。

　　A. 简练精要　　　B. 互动性强　　　C. 趣味化　　　　D. 传播迅速

（4）【多选】下列有关微博文案写作技巧的说法中，错误的有（　　　）。

　　A. 发布带有话题的微博文案，可以增加微博文案被传播的可能性，促进微博文案阅读人数的增加

B. 在为微博文案选择话题时，选择话题榜中排名靠前的话题即可

C. 热点的传播速度快且范围广，因此，写作微博文案时必须结合热点来营销商品或品牌

D. 选取与消费者工作、生活息息相关或消费者普遍面临的问题、难题来创作微博文案，有助于引起消费者的注意

2. 填空题

（1）_____的朋友圈文案的写作思路是将需要推广的商品或品牌信息自然地融入分享的事件中。

（2）公众号文案的封面图有两种，一种是_____，另一种是_____。

（3）_____是公众号文案封面图下面的引导性文字，可以快速引导消费者了解公众号文案的主要内容，或吸引消费者点击公众号文案，增加点击量和阅读量。

3. 判断题

（1）分享专业知识的朋友圈文案，可以分享与商品有关的实用小知识，如商品的使用方法、使用技巧，或能增长见识的知识性内容等。　　　　　　（　　）

（2）摘要一般是对公众号文案的简要说明和体现，用以快速吸引消费者的眼球，并引发他们的阅读欲望。　　　　　　　　　　　　　　　　　（　　）

（3）进群欢迎文案可以包含的内容有欢迎语、微信群主题、微信群福利、微信群规则等。　　　　　　　　　　　　　　　　　　　　　　　　（　　）

（4）热点包括微博热搜榜中的内容，但不包括节日、节气。　　　（　　）

4. 实践题

（1）图 8-19 所示为某网店中的一款乒乓球拍，其采用纯木底板，吸汗防滑、做工精致，请为其写作一则分享专业知识的朋友圈文案。

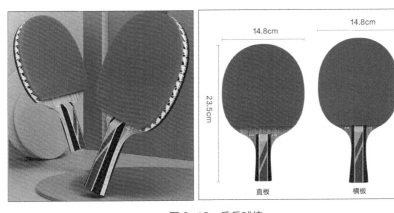

图 8-19　乒乓球拍

（2）现有一款净含量为 4 千克的洗衣液，能有效去除各种污渍，洗后无残留，不伤衣物。请为该洗衣液写作一则结合话题和热点的微博文案。

（3）"宁友生活家居会员群"是宁友生活家居网店为网店会员创建的微信群，请为该群写作一则进群欢迎文案，内容包括欢迎语、微信群规则，其中微信群规则自拟。

第9章 短视频与直播文案写作

案例引入

在2022年的五四青年节到来之际，京东围绕"何为青年"这一问题创作了一则短视频文案。该文案以对话的形式讲述了不同身份的人物对于青年的定义。尽管身份不同，努力方向也不一样，但他们对青年的定义都有相同的特点——"青年有为，热爱有光"，传达出"对于生活的热爱，是闪耀在每个青年身上最亮的光"的主题。短视频文案传达的这种积极向上的人生态度赢得了众多消费者的好感，帮助京东树立了良好的品牌形象。

2022年6月，新东方一度成为热点话题，新东方双语带货的独特直播方式使其直播间人数激增。新东方直播如此火热，很大一部分原因在于主播独特的直播文案，如"我没有带你去看过长白山皑皑的白雪，我没有带你去感受过十月田间吹过的微风，我没有带你去看过沉甸甸地弯下腰、犹如智者一般的谷穗，我没有带你去见证过这一切，但是，亲爱的，我可以让你去品尝这样的大米"等。这种与众不同的直播方式和直播文案让消费者感到十分新奇，由此引发了大量的关注和讨论，进而也促进了直播间商品的销售。

就目前而言，短视频和直播带货成为电子商务领域常态化的营销方式，品牌要想较大程度地发挥短视频和直播的效果，就要重视短视频与直播文案写作，创作出吸引力强、创意十足的短视频与直播文案。

学习目标

- 掌握短视频文案的写作技巧。
- 掌握直播文案的写作技巧。

素养目标

- 正确认识短视频和直播的作用，积极传递正能量。
- 培养写作真实、正向直播文案的意识，不虚假宣传、夸大卖点。

9.1 短视频文案写作

微课

9.1 短视频文案的写作

观看短视频是消费者目前非常喜欢的一种娱乐方式。与图文相比，短视频具有更强的场景表现力，很适合营销商品。在营销过程中，短视频文案起着非常重要的作用。能够撰写清晰易懂且创意十足的短视频文案，是文案人员应当掌握的技能之一。

9.1.1 短视频文案的组成部分

短视频文案主要由标题和脚本两个部分组成。其中，短视频文案的标题主要用来展示短视频主题、说明具体内容等，短视频文案的脚本则是指拍摄短视频所依据的底稿，其功能是为短视频的内容提供大纲，用以确定短视频的走向和拍摄细节。

1. 标题

一般来说，消费者打开短视频平台观看短视频时，首先映入眼帘的就是短视频的画面和标题，标题一般在短视频界面下方。尽管短视频文案的标题并不会像公众号文案的标题那样直接决定点击量和推广效果，但是对消费者而言，标题依然是其了解短视频内容的重要渠道，同样影响着短视频的点击量和浏览量。

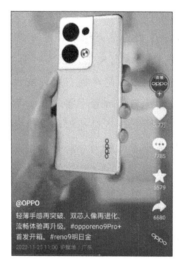

范例 图9-1所示为OPPO发布在抖音中的短视频片段截图，

图9-1　OPPO发布在抖音中的短视频片段截图

图9-2　荣耀发布在抖音中的短视频片段截图

图9-2所示为荣耀发布在抖音中的短视频片段截图，从两张图片可以看出，标题主要位于短视频下方，主要是对短视频内容的概括描述。

> 👤 **专家点拨**
>
> 在部分短视频平台中，标题实际上也是短视频的内容简介，主要用于展示短视频的主要内容、素材来源、创作灵感、作者发出的号召、其他链接等内容，是消费者快速了解短视频内容的主要方式之一，多是一段简短的介绍文本。

2. 脚本

脚本是对整个短视频的构思与策划，是整个短视频的内容大纲。一般来说，短视频文案的脚本大多以分镜头脚本的形式呈现，主要项目包括镜号、景别、拍摄方式（镜头运用）、画面内容、台词／字幕、音效和时长等，表9-1所示为某App宣传短视频的分镜头脚本（部分）。在分镜头脚本中，画面内容、台词／字幕属于重点内容，需要文案人员多花时间打磨。

表9-1　某App宣传短视频的分镜头脚本（部分）

镜号	景别	拍摄方式（镜头运用）	画面内容	台词／字幕	音效	时长
1	中景	固定镜头	面试等待区的沙发上，女生小张不断整理自己的头发，女生小王拿着手机，好像在看什么课程			2秒
2	中景	固定镜头	小张看了看小王，主动和小王说话	小张："别白费力气了！今天这个岗位我要定了！"		2秒
3	中景	固定镜头	小王微笑不语，面试官老李叫了小王的名字，小王镇定地走向面试室			2秒
4	近景	固定镜头	小王开始面试，老李频频点头	老李："你先做个自我介绍吧！" 小王："您好……" （此处省略）		3秒
5	近景	固定镜头	小张开始面试，但小张说话磕磕巴巴，面对老李的问题无从作答	老李："请问您为什么会选择我们公司呢？" 小张："因为……" （此处省略）		5秒
6	全景	运动镜头	小张走进咖啡厅			1秒
7	特写	固定镜头	小张手机收到短信，通知没有被录用			2秒

👤 **专家点拨**

　　分镜头脚本也是后期拍摄工作的"说明书"，但其内容并不是固定不变的，在具体拍摄时，拍摄人员还可以对其中的景别、拍摄方式（镜头运用）等进行更改，而文案人员需要将重点放在画面内容和台词／字幕的设计上。

9.1.2　短视频文案的标题写作

　　短视频文案的标题起着吸引消费者点击短视频的作用，以下为抖音热门短视频的标题示例，文案人员在写作标题时可以参考。

示例1：198平方米，装修只花15万元，就像住在森林里！（场景化）

示例2：防晒霜和太阳伞你选哪个？（提问）

示例3：××（名人）同款羽绒服，穿出气质范（名人效应）

示例4：端午节的粽子适合搭配什么饮料？（热点＋提问）

示例5：最后一个片段是我们的真实写照……（设置悬念）

短视频文案的标题与文字式文案的标题有异曲同工之处，除了可以参考第3章中电子商务文案标题的写作方法，短视频文案的标题写作还应注意以下几点。

- **字数适中**。对于短视频文案来说，标题字数太少可能无法准确地展示主题，字数太多又可能会增加消费者的阅读负担，所以短视频文案标题的字数要适中，一般保持在15~20字。

- **使用标准的格式**。短视频文案的标题是有标准格式的，如数字应该写成阿拉伯数字；写作时应该尽量用中文表达，减少外语的使用等，从而方便消费者阅读。

- **合理断句**。短视频面向的人群更广泛，为了使消费者迅速理解短视频文案标题的意义，文案人员应对短视频文案的标题进行合理断句，这样不但可以使标题包含更多的内容，还可以减轻消费者的阅读负担，并将主题表述得更为清晰。

- **添加话题标签**。短视频的话题标签与微博文案中的话题相似，文案人员只要在标题中添加了话题标签，该短视频就会出现在话题标签的搜索结果页中，进而为短视频带来更多的曝光量。特别是一些当下热门的话题标签带来的曝光量更是巨大的。因此，文案人员在写作短视频文案的标题时，可以适当添加话题标签。

- **考虑推荐机制的影响**。由于许多短视频平台都有系统推荐机制，因此文案人员在写作短视频文案的标题时还要考虑推荐机制的影响，应尽量避免在标题中出现系统不能识别的词汇，从而避免降低短视频的推荐量。系统不能识别的词汇包括非常规词（如"活久见"等），冷门、生僻词和不常用缩写（如把成都缩写为"CD"等）。

9.1.3　短视频脚本写作

短视频是由一个个镜头组接起来的，与文字的呈现方式不同，因此在写作短视频脚本时更要遵循一定的写作思路。一般来说，文案人员在写作短视频脚本时可以先拟定提纲，再制作分镜头脚本。

1. 拟定提纲

提纲是一种概括性的内容，用于罗列短视频的主要内容。提纲的写作思路一般包括确定短视频主题、规划内容框架、填充内容细节、优化内容4个部分。

（1）确定短视频主题

每个短视频都要有一个明确的主题。例如，服装穿搭类短视频的主题可以为初春连衣裙搭配、通勤着装；美妆类短视频的主题可以为化妆教程、仿妆教程。一般来说，短视频的主题需要与短视频账号的定位和风格保持一致，文案人员可以查找并观看短视频账号所属领域的热门账号和内容，以确定短视频主题；或者发起征集活动，让消费者留言说明喜欢的主题。

（2）规划内容框架

规划内容框架需要确定内容结构和主要细节，包括人物、场景、事件等，并对此做出详细的规划。

范例　某手机品牌新上了一款手机，品牌需要拍摄一个展现手机卖点的短视频，已确定拍摄主题为"聚焦手机防水、原色双影像功能"，文案人员在规划内容框架时详细罗列了以下内容。

　　拍摄主体：手机。

　　人物：男子A、男子B、女子C。

　　场景：海上、滑翔地、山顶。

　　事件：男子A把手机浸入海水中又捞起来，并拍摄了月亮；女子C用手机拍摄了正在滑翔的滑翔伞……

（3）填充内容细节

内容细节的填充对提纲来说非常重要，可以使内容更加饱满。文案人员可以通过描述变化的环境、人物形象或神态等方式来填充更多的内容细节。

范例　针对"男子A把手机浸入海水中又捞起来，并拍摄了月亮"这一内容，文案人员填充了更多的内容细节，如下所示。

　　夜幕降临，男子A正驾着船漂浮在海上，随手将手机浸入海水中摇晃了两下，又拿出来。男子A抬头仰望星空，此时月亮高挂，白如玉盘，男子A被这一美景震撼。男子A拿起手机，对准空中的月亮拍摄，手机中的画面非常清晰，且颜色接近于实景……

（4）优化内容

到这一流程，提纲的写作工作基本完成，但文案人员还需要通读提纲，进一步理顺整体内容的逻辑，反复斟酌台词、情节等的设计，优化提纲，特别是提纲中的台词，要保证语言精练不啰唆，紧扣情节和节奏。

范例　文案人员反复修改优化后，得到了表9-2中的短视频提纲。

表9-2　短视频提纲

要点	内容
人物	男子A、男子B、女子C
场景1：海上	夜幕降临，男子A正驾着船漂浮在海上，随手将手机浸入海水中摇晃了两下，又拿出来。男子A抬头仰望星空，此时月亮高挂，白如玉盘，男子A被这一美景震撼。男子A拿起手机，对准空中的月亮拍摄，手机中的画面非常清晰，且颜色接近于实景（此处添加字幕：××手机，原色双影像）
场景2：滑翔地	清晨，男子B背着滑翔伞，奔跑着开始滑翔，随后顺利飞到天空中，远处的天空出现了一道金色的光
场景3：山顶	女子C正在爬山，气喘吁吁的她准备坐下休息，却看到天空中有一道金色的光，她拿出手机开始拍摄，拍完后低头查看照片，发现照片中竟然出现了滑翔伞，她抬头看着天空中的滑翔伞开心地笑了（此处添加字幕：××手机，原色双影像）

2. 制作分镜头脚本

提纲拟定完毕后，就可以将提纲中的内容以分镜头脚本的形式呈现。一般来说，文案人员需要以文字的形式直接呈现短视频画面的不同镜头，按照预期成片效果将具体的内容填入表格中，供拍摄和后期剪辑参照。表9-3所示为根据上述提纲制作的分镜头脚本。

表9-3　分镜头脚本

镜号	景别	拍摄方式（镜头运用）	画面内容	台词/字幕	音效	时长
1	特写	固定镜头	一只手将手机浸入海水中摇晃两下，又拿出来			1秒
2	全景到中景	推镜头	男子A驾着船漂浮在海上，抬头仰望星空，正对着一轮圆月；男子A举着手机，对准空中的月亮开始拍摄	××手机，原色双影像		2秒
3	远景	固定镜头	男子B背着滑翔伞，奔跑着开始滑翔，随后顺利飞到天空中，远处的天空出现一道金色的光			3秒
4	全景	运动镜头	女子C正在爬山，气喘吁吁的她坐下休息			2秒
5	远景	固定镜头	天空中出现一道金色的光			1秒
6	中景	固定镜头	女子C拿出手机开始拍摄，拍完后低头查看照片			2秒
7	近景	固定镜头	女子C抬头开心地看着天空			1秒

续表

镜号	景别	拍摄方式（镜头运用）	画面内容	台词/字幕	音效	时长
8	特写到远景	固定镜头	女子C手机中的照片出现了滑翔伞，天空中有滑翔伞飘过	××手机，原色双影像		2秒

阅读与思考：《发现藏在照片里的爱》——华为发布的短视频文案

为宣传HUAWEI P50系列手机，华为以消费者的真实故事为素材，创作了一个感人的短视频。短视频选取了归家、出嫁、毕业3个有代表性的场景，精准地抓住了日常生活场景中的温情和感动元素。

在归家场景中，母亲冒着大雪前往车站接女儿，女儿关心妈妈是否冻着了，母亲坚持说没有，但女儿却在放大的合照中发现了母亲已冻红的手。与此同时，画面中出现"从小教我别说谎的人，差一点就骗到了我。"的文案（见图9-3），表达了母亲默默无言的爱。在出嫁场景中，妹妹对着待嫁的姐姐嚷嚷"你可终于走了，以后你这房间就归我啦"，姐姐拿出手机拍照留念，却从放大的合照中看出妹妹眼眶红红的，这才发现妹妹嘴硬其实是为了掩饰内心的不舍。画面中出现的"比起说出来的祝福，我更珍惜你的忍住不哭。"的文案，体现了姐妹之间深厚的感情。在毕业场景中，女生装作无意地寻找自己暗恋的男生，并请人帮忙拍照留念。尽管两人之间没有任何亲密的动作，女生却从放大的合照中发现了男生通红的脸颊和耳朵，此时画面中出现的"藏不住的脸红，藏着说不出的喜欢。"的文案（见图9-4），很好地诠释了短视频中男生和女生之间青涩的暗恋情愫。

图9-3　归家场景

图9-4　毕业场景

短视频讲述了3个与合影有关的小故事，并通过细节（如冻红的双手、红红的眼眶、通红的脸颊和耳朵）传达了主角未曾说出口的情感，不仅有助于激发消费者的情感共鸣，展现品牌的温度，拉近品牌与消费者间的距离，还从侧面突出了手机商品"原色双影像"的卖点，表现了手机商品的拍照优势。

思考： 该短视频文案的细节描写有什么作用？

9.2 直播文案写作

直播的火热使越来越多的品牌开始在各大直播平台开设直播间，以促进商品的推广和销售。直播卖货也成为当前主流的电商卖货方式之一，它以主播展示并讲解商品为吸睛点，在直观地展示商品的同时刺激消费者的消费欲望，以达到销售商品的目的。总的来说，直播文案写作主要以直播内容为中心，直播预告文案、直播脚本均属于直播文案。

微课

9.2 直播文案的写作

9.2.1 直播预告文案写作

直播预告文案是指预告直播内容的文案，主要是为了让消费者提前知晓直播内容，引导消费者进入直播间观看直播，多采用"文字＋图片"和"文字＋短视频"的形式。为了引起消费者对直播的兴趣，直播预告文案应当直接明了、不拖沓，可以直接介绍直播嘉宾、优惠福利、特色场景、主播、特色商品等，要从能够吸引消费者的角度来写作。除此之外，还要写明直播的具体时间。其写作模板和示例如下。

> **模板：** 直播内容概括＋直播亮点（优惠福利、特色商品等）＋直播时间
>
> **示例：**
>
> ××（直播间名称）好吃又营养的农产品来啦！优惠大放送，部分农产品不止 5 折！还有一些你可能见都没见过的特色农产品！关注直播间，参与抽奖，中奖者赠送 1 千克大米 1 袋！锁定××（品牌名称）抖音直播间，2023 年 5 月 30 日 19:00 与您不见不散！

范例 图 9-5 所示为不同品牌发布的两则直播预告文案，从中可以看出，直播预告文案对直播内容进行了简单概括，并详细介绍了直播的优惠福利、具体时间等，有助于引导消费者准时进入直播间观看直播。

图 9-5 不同品牌发布的两则直播预告文案

9.2.2 直播脚本写作

直播脚本与短视频脚本的作用类似，便于直播团队提前了解直播内容和活动、梳理直播流程、把控直播节奏、推动直播有序进行，以及管理主播、对出镜人员的动作行为做出指导。直播脚本主要分为整场直播脚本和单品直播脚本两种。

1. 整场直播脚本写作

整场直播脚本是对整个直播过程的规划和说明，重点是对直播流程进行安排和对直播节奏进行把控。一般来说，整场直播脚本应当包括的要素主要有直播基本信息、直播主题、商品规划、互动环节等。

（1）直播基本信息

整场直播脚本中，直播基本信息主要包括直播时间、直播地点、商品数量，以及直播人员安排和分工等。

> **示例：**
>
> 直播时间——2023 年 2 月 26 日 20:00—22:00
>
> 直播地点——××直播室
>
> 商品数量——10 款
>
> 直播人员安排和分工——主播（××），主播负责讲解商品、演示商品功能、引导消费者关注、下单等；助理（××），助理负责协助主播与消费者互动、回复消费者提问等；客服（××），客服负责商品上下架、发货与售后等。

（2）直播主题

直播主题是对整场直播内容的概括，策划时可以从直播目的入手。这部分内容与第 6 章活动主题的内容类似，此处不再赘述。

> **示例：** ××服饰品牌春装新品上市特卖会

（3）商品规划

一般来说，直播团队在确定了直播主题后，还会对商品进行规划，如确定哪些是引流款、哪些是活动款、哪些是利润款等。一般来说，引流款、活动款、利润款等商品的讲解顺序是不一样的，文案人员需要在写作整场直播脚本前就确定好商品的讲解顺序。

知识链接

直播商品规划

> **示例：**
>
> 引流款商品为 9.9 元包邮湿纸巾，在直播开场时上架讲解。
>
> 利润款商品为原价 259 元、直播价 179 元的灯芯绒连衣裙，在 9.9 元包邮湿纸巾后上架讲解。

（4）互动环节

要想直播间的人气高，直播带货效果好，仅靠商品讲解是比较困难的。文案人员还

需要设计一些互动环节，如直播开始时发送一些小红包或优惠券，在直播过程中抽奖、展示才艺等。因此，整场直播脚本中还需要注明详细的互动活动和规则。

示例：

让消费者为直播间点赞，点赞数满 10000 开始抽奖，中奖人数为 3 人，中奖者可获得帆布包 1 个。

在确定好上述要素后，文案人员就可以对内容进行整理，并按照直播流程将整场直播脚本以表格的形式呈现出来。一般来说，整场直播的流程通常有一定规律，一般先是开场预热，引导消费者关注；然后是商品预热，简单介绍所有商品并重点推荐某一主推商品；接着逐一讲解商品，中途可设置互动环节；最后回顾主推商品，吸引消费者下单，若第二天还有直播，还会预告次日直播内容。

范例 表 9-4 所示为某服饰品牌的整场直播脚本，其按照时间线和直播流程详细罗列了直播基本信息、直播主题、商品规划和互动环节等，有利于直播团队把控直播节奏，规范直播流程。

表 9-4 某服饰品牌的整场直播脚本

某服饰品牌的整场直播脚本			
直播时间	2023 年 2 月 26 日 20:00—22:00		
直播地点	×× 直播室		
商品数量	9 款		
人员安排	主播：×× 助理：×× 客服：××		
直播主题	某服饰品牌春装新品上市特卖会		
直播流程			
时间段	流程规划	人员分工		
		主播	助理	客服
20:00—20:10	开场预热	自我介绍，与先进入直播间的消费者打招呼，介绍直播开场截屏抽奖规则，强调每日定点开播，剧透今日主推商品	演示直播截屏抽奖的方法，回答消费者提问	向各平台分享直播链接，收集中奖信息
20:11—20:20	商品预热	简单介绍本场直播所有商品，说明直播间的优惠力度，此过程不参与互动	展示所有商品，补充主播遗漏内容	向各平台推送直播信息
20:21—20:25	商品讲解	讲解第 1 款商品，全方位展示商品，详细介绍商品特点，回复消费者提问，引导消费者下单	协助主播展示，回复消费者提问	发布商品链接，回复消费者订单咨询

直播流程				
时间段	流程规划	人员分工		
		主播	助理	客服
20:26—20:30	商品讲解	讲解第2款商品	同上	同上
20:31—20:35	红包活动	直播间人数达到5000人时发放红包	提示发送红包节点，介绍红包活动规则	发送红包，收集互动信息
20:36—20:40	商品讲解	讲解第3款商品，全方位展示商品，详细介绍商品特点，回复消费者提问，引导消费者下单	协助主播展示，回复消费者提问	发布商品链接，回复消费者订单咨询
20:41—20:45	商品讲解	讲解第4款商品	同上	同上
20:46—20:50	福利赠送	点赞数满10000即抽奖，中奖者获得保温杯1个	提示福利赠送节点，介绍抽奖规则	收集中奖者信息，与中奖者取得联系
20:51—20:55	商品讲解	讲解第5款商品，全方位展示商品，详细介绍商品特点，回复消费者提问，引导消费者下单	协助主播展示，回复消费者提问	发布商品链接，回复消费者订单咨询
20:56—21:00	商品讲解	讲解第6款商品	同上	同上
21:01—21:05	福利赠送	点赞数满30000即抽奖，中奖者获得无门槛优惠券30元	提示福利赠送节点，介绍抽奖规则	收集中奖者信息，与中奖者取得联系
21:06—21:10	商品讲解	讲解第7款商品，全方位展示商品，详细介绍商品特点，回复消费者提问，引导消费者下单	协助主播展示，回复消费者提问	发布商品链接，回复消费者订单咨询
21:11—21:15	商品讲解	讲解第8款商品	同上	同上
21:16—21:20	商品讲解	讲解第9款商品	同上	同上
21:21—21:25	红包活动	直播间人数达到10000人时发放红包	提示发送红包节点，介绍红包活动规则	发送红包，收集互动信息
21:26—21:50	商品返场	对呼声较高的商品返场讲解	协助主播回复消费者提问	向助理与主播提示返场商品，回复消费者订单咨询
21:51—22:00	直播预告	提示下次直播的主推商品，强调准时开播和直播福利	协助主播引导消费者关注直播间	回复消费者订单咨询

 专家点拨

整场直播脚本并不是一成不变的，可根据实际情况修改。文案人员在积累了一定的经验后，可以制作整场直播脚本模板，之后套用模板填充内容即可。

2. 单品直播脚本写作

单品直播脚本即以单个商品为对象而写作的脚本，对应的是整场直播脚本中的商品讲解部分。与整场直播脚本一样，单品直播脚本一般也以表格形式呈现。总的来说，单品直播脚本的内容一般包含商品导入、商品核心卖点输出、利益点强调、引导转化等。

- **商品导入**。该部分内容主要是介绍商品或品牌，可以先用话题引出商品或品牌。例如，用"因紫外线强被晒伤"的话题引出防晒霜，然后介绍商品的基本信息等。

- **商品核心卖点输出**。该部分内容属于关键内容，可以围绕商品的功能或作用、材质、产地等进行详细说明，说明商品"为什么值得买"。例如，某防晒衫款式独特、防晒指数高等。

- **利益点强调**。这部分内容需要强调购买商品可获得的好处和利益，说明"为什么要在此直播间买"，如直播间赠送专属礼品或优惠券等。

- **引导转化**。这部分内容需要引导消费者立即下单购买商品，说明"为什么要马上买"。要营造一种紧迫感，让消费者产生不赶紧购买就会后悔的心理，如说明价格优势、先拍先得等。

单品直播脚本需要重点展示商品的核心卖点，但是需要注意的是，不能照搬商品详情页文案的内容。因为单品直播脚本最终会以主播口播的形式呈现，所以内容应该尽量通俗化、口语化，要尽量将商品放到使用场景中，搭配主播的现场示范，以便消费者能更加直观地了解商品，激发消费者的购买欲望。

范例 表9-5所示为某款服装商品的单品直播脚本，脚本采用表格的形式对商品导入、商品核心卖点输出、利益点强调、引导转化等内容进行了一一罗列，并采用了非常通俗、口语化的表达。

表9-5　某款服装商品的单品直播脚本

直播脚本要素	详细内容
商品导入	最近降温了，"宝宝们"都准备好羽绒服了吗？接下来给"宝宝们"带来一款温暖好物。A品牌相信大家都听说过，它是一个有30年历史的老牌子了！虽然是老牌子，但价格却很"亲民"，性价比很高！这款羽绒服是它家的热销款，这个月已经卖了10000多件了
商品核心卖点输出	这件羽绒服填充的都是90%的白鸭绒，充绒量非常高，仅仅是S码就高达200克，穿起来非常暖和！颜色有黑、白、灰3个，非常好搭配！要重点说明的一点就是羽绒服的面料，这款羽绒服采用GORE-TEX面料，防风防水，不惧严寒

续表

直播脚本要素	详细内容
利益点强调	这款羽绒服的日常售价是899元，给大家看看旗舰店的价格，没错吧！但是我们选品团队经过不懈努力，终于给"宝宝们"争取到了一定的优惠！只要在我们的直播间下单购买这款羽绒服，就能享受满600元减200元的优惠
引导转化	为了展现直播间的诚意，我们还给"宝宝们"准备了一波福利！只要"宝宝们"今天在直播间下单，我们就给大家送一条价值199元的加绒运动裤！惊不惊喜，意不意外？"宝宝们"准备好了吗？倒数3个数开拍，先到先得，3、2、1……

素养课堂

　　直播以其内容和形式的直观性、即时性和互动性，在促进经济社会发展、丰富人民群众精神文化生活等方面发挥了重要作用。为了促进直播行业健康发展，文案人员在写作直播脚本时，不得以虚假消费、炒作宣传等方式诱导消费者消费，不得虚构"全网最低价"为卖点，应当真实、准确、全面地发布商品或服务信息。

阅读与思考：越挫越勇的直播"带货"——格力直播"带货"

　　格力是我国集研发、生产、销售、服务于一体的家电品牌。长期以来，格力将创新作为发展的核心动力，既推动了品牌创新，更带动了行业革新，树立了中国制造自主创新发展的风向标。2020年4月，一直坚持以线下销售为主的格力也开启了直播"带货"，其董事长现身抖音直播间为格力的空调、冰箱等商品"带货"。但是格力首次直播的体验和销售额并不理想，直播过程中频繁出现长达几分钟的卡顿、数十遍的重复、音画不同步等问题。根据新抖数据，格力直播首秀累计观看人数为431万，在线人数峰值为21.63万，商品销售额仅为22.53万元。

　　经历了第一次挫折后，2020年5月，格力又在快手开启了第二次直播。这次直播，格力做足了准备。为了吸引消费者观看直播，格力提前在微信、微博、快手等平台发布了直播预告文案和直播预告短视频。除此之外，格力还邀请了名人在社交媒体平台中发布宣传文案。经过多番宣传和详细策划，格力此次直播"带货"成效显著。根据格力公布的直播数据，此次直播累计观看人数超过1600万，在线人数峰值为100万，开播30分钟3款商品销售额破1亿元，100分钟销售额破2亿元，3个小时销售额达3.1亿元。

　　随后，格力又开展了多次直播，并且还设计了新的直播形式，如联动3万家门店同时直播带货，将直播间打造成智慧家居的模式，采用"现场互动＋节目表演"的形式直播等，图9-6所示为2020年格力联动3万家门店直播时提前发布的直播预告文案。

图 9-6 直播预告文案

思考：（1）格力发布的直播预告文案有什么作用？（2）格力第一次直播"带货"的效果为什么不太理想？

 同步实训：为盘锦大米写作直播文案

【实训背景】

盘锦大米是辽宁省盘锦市的特色农产品，也是国家地理标志产品。近年来，盘锦市充分发挥国家级生态文明建设示范区和国家有机食品生产示范基地的优势，重点推进了百万亩优质水稻工程，创造性地实施了"稻蟹共生、一地两用、一水两养、一季三收"蟹稻共生原生态种养模式。

悠宇是一个农产品品牌，主营盘锦大米、红肠、大豆、黑米等农产品。临近盘锦大米的丰收季，悠宇决定于 2022 年 11 月 1 日晚 7 点在抖音开展一场直播。为了促进农产品的销售，悠宇推出了一些直播优惠，只要当天在直播间下单的消费者都可以享受满 199 元减 20 元的优惠，直播时还会不定时地抽取已下单的消费者享受免单福利。除此之外，为了促进主推农产品——盘锦大米的销售，悠宇还针对盘锦大米推出了优惠福利——日常零售价为 79.9 元 / 袋，每袋为 5 千克，直播价为 69.9 元 / 袋，若购买两袋及以上就赠送 1 千克的红肠 1 份，红肠价值 59 元。另外，只要消费者在直播间下单购买盘锦大米，就赠送 1 份 2 千克的红薯。图 9-7 所示为悠宇品牌的盘锦大米。

图 9-7 悠宇品牌的盘锦大米

【实训要求】

（1）为该品牌写作吸引力强的直播预告文案。

（2）为盘锦大米写作单品直播脚本。

【实训步骤】

（1）为品牌写作直播预告文案。直播预告文案主要用来预告直播内容，此处可以结合直播优惠来写作。

示例：

悠宇农产品直播来啦！想买农产品的快来！好吃的盘锦大米、红肠、大豆等着你！除了满 199 元减 20 元的优惠，还有机会免单哦！关注直播间，2022 年 11 月 1 日晚 7 点与您不见不散！

写一写：

_____

_____

_____

_____

（2）为盘锦大米写作单品直播脚本。在写作单品直播脚本前，最好先提炼商品卖点，可以从外观、产地、口感等方面入手，然后逐一完成商品导入、商品核心卖点输出、利益点强调和引导转化等要素的写作，最后将内容填写在表 9-6 中。

表 9-6　盘锦大米单品直播脚本

直播脚本要素	详细内容
商品导入	如说到哪里的大米好吃，"宝宝们"首先想到的是哪里？我今天给"宝宝们"带来的大米，就是大名鼎鼎的盘锦大米…… 写一写：
商品核心卖点输出	如给"宝宝们"拆开看看，大米颗颗均匀饱满、晶莹剔透，闻起来有一股清香…… 写一写：
利益点强调	如还有几个月就要过年了，"宝宝们"有没有需要大米的？这款大米的日常零售价为 79.9 元／袋，今天直播间直降 10 元…… 写一写：
引导转化	如为了展示直播间的诚意，我们还给"宝宝们"准备了一波福利！只要"宝宝们"今天在直播间下单购买盘锦大米，我们就给大家送…… 写一写：

巩固与练习

1. 选择题

（1）【单选】下列有关短视频文案组成部分的说法中，不正确的是（　　　）。

　　A. 短视频文案的标题主要用来展示短视频主题、说明具体内容等

　　B. 短视频文案的标题在短视频画面下方，位置不显眼，因此不重要

　　C. 短视频脚本是短视频的内容大纲，用以确定短视频的走向和拍摄细节

　　D. 短视频文案的标题起着吸引消费者点击短视频的作用

（2）【单选】短视频提纲的写作思路不包括（　　）。

　　A. 确定短视频主题　　　　　　　　　B. 规划内容框架

　　C. 填充内容细节　　　　　　　　　　D. 写作短视频目标

（3）【多选】整场直播脚本应当包括的要素有（　　）。

　　A. 直播基本信息　　　　　　　　　　B. 直播主题

　　C. 互动环节　　　　　　　　　　　　D. 商品规划

（4）【多选】下列有关单品直播脚本的说法中，不正确的有（　　）。

　　A. 单品直播脚本即以单个商品为对象而写作的脚本

　　B. 单品直播脚本对应的是整场直播脚本中的商品讲解部分

　　C. 单品直播脚本中，商品核心卖点输出主要是对商品或品牌的简单介绍

　　D. 单品直播脚本中，利益点强调部分的内容需要营造一种紧迫感

2. 填空题

（1）短视频文案的标题主要用来展示＿＿＿＿＿＿＿、＿＿＿＿＿＿等，＿＿＿＿＿＿＿则是指拍摄短视频所依据的底稿。

（2）短视频脚本的写作思路一般包括＿＿＿＿＿＿＿＿＿＿＿＿＿＿＿＿＿、＿＿＿＿＿＿＿＿＿＿＿＿＿＿＿两个部分。

（3）直播脚本主要分为＿＿＿＿＿＿＿＿＿和＿＿＿＿＿＿＿＿＿两种。

（4）整场直播脚本中，直播基本信息部分主要包括＿＿＿＿＿＿＿＿、直播地点、＿＿＿＿＿＿＿＿，以及直播人员安排和分工等。

3. 判断题

（1）短视频主题反映了整个短视频的构思与策划，是整个短视频的内容大纲。

　　　　　　　　　　　　　　　　　　　　　　　　　　　　　　　　（　　）

（2）短视频的主题要与短视频账号的定位和风格保持一致。　　　　（　　）

（3）短视频文案标题的字数要适中，一般保持在10~15字。　　　　（　　）

（4）直播主题是对整场直播内容的概括，策划时可以从直播目的入手。

　　　　　　　　　　　　　　　　　　　　　　　　　　　　　　　　（　　）

4. 实践题

（1）万里行是一家销售汉服的淘宝网店，此前一直销量平平，最近几个月利用短视频和直播推广后，店内商品的销量有所提升。近期，万里行新推出了两款夏季唐风汉服（见图9-8）。为了预热新品，勾起消费者对新品的期待，万里行打算在抖音发布短视频。请试着为该汉服店写作一份短视频脚本。

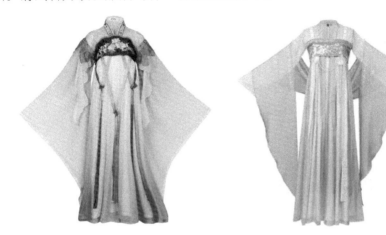

图9-8 夏季唐风汉服

（2）假如你是某生活用品品牌的文案人员，国庆节来临，该品牌将会在10月1日19:00—22:00开展一场直播，直播间全场服装5折起。请试着为该品牌写作一则吸引力强的直播预告文案。

（3）图9-9所示为某品牌取暖器的商品详情页，以下为该取暖器的相关信息，请试着为该取暖器写作单品直播脚本，并填写表9-7。

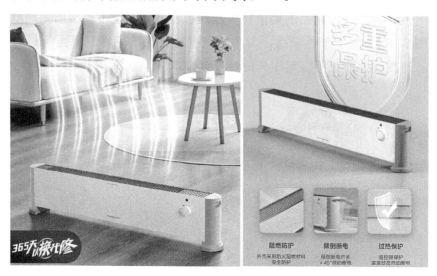

图9-9　某品牌取暖器的商品详情页

● 使用蜂窝快热型电暖气片，从升温到恒温只需6秒，不会散发异味。
● 使用过程中没有噪声，比其他同类商品功耗更低，可以用遥控器调节功率，使用方便。
● 无棱角设计，不易磕碰，有防烫罩和45°倾斜断电保护，使用安全。
● 可作为烘衣架使用，烘干衣物耗时短，并具备空气加湿功能。

表9-7　取暖器单品直播脚本

直播脚本要素	详细内容
商品导入	
商品核心卖点输出	
利益点强调	
引导转化	

第10章 其他电子商务文案写作

案例引入

　　天猫美妆数据显示，2022年"双11"预售开始4小时，珀莱雅成绩斐然，在天猫美妆行业"双11"预售品牌成绩排行中位于前列；预售开启当天，珀莱雅在直播间投放的多款商品全部出现上架就售罄的现象。许多消费者还纷纷在珀莱雅的官方账号下方留言称"真难抢！""加货"等。珀莱雅之所以受消费者欢迎，不仅是因为其精准的市场定位、高质量的商品研发，还得益于其优质的文案及推广。为了扩大品牌的知名度和影响力，促进商品的销售，珀莱雅围绕旗下商品撰写了众多有创意且独特的电子商务文案，并将文案发布在微信、微博、抖音、小红书、知乎、今日头条等众多平台中。另外，珀莱雅还邀请了许多美妆专业达人撰写测评、试用等"种草"推荐文案和电商软文，以"种草"的形式带动了旗下商品的销售。

　　电子商务文案的类型众多，除了微信文案、微博文案等常见的类型外，电商软文、"种草"推荐类文案、问答类文案和信息流文案也是比较重要且常见的文案类型，文案人员一定要重视并重点掌握。

学习目标

- 掌握电商软文的写作方法。
- 掌握"种草"推荐类文案的写作技巧。
- 掌握问答类文案的写作模式和写作要点。
- 掌握信息流文案的写作要点。

素养目标

- 培养文案写作的诚信意识和规范意识，写作合法合规的电商软文。
- 培养融会贯通的能力，能围绕商品写作不同类型的电商文案。

 10.1 电商软文写作

软文是相对于硬广告来说的，它不会直白介绍商品的特征，而是采用一种"软"植入的方式将营销信息与文字有效融合，让消费者在津津有味的阅读中了解并接受营销信息，从而产生购买欲望。电商软文的精妙之处就在于一个"软"字，其追求的是一种潜移默化的传播效果。

微课
10.1 电商软文的写作

10.1.1　电商软文的类型

电商软文的营销推广作用是非常明显的，一旦电商软文被大量转载，就会获得极大的曝光量，从而达到宣传商品或品牌的目的，因此现在许多商家都愿意利用电商软文来抢占市场。总的来说，当前常见的电商软文主要有以下3种类型。

1. 知识类电商软文

顾名思义，知识类电商软文是指提供科普知识并植入营销内容的文案，其分享的知识可能是专业达人的切身经验，也可能是一些与商品相关的有价值的内容，如测评、知识介绍等，有助于消费者增长见识。

范例　图10-1所示为某智能家居品牌发布的一篇智能门锁知识类电商软文，在分享智能门锁保养知识的同时，还直接展示了品牌旗下智能门锁的卖点，以引导消费者购买智能门锁。

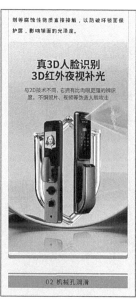

图10-1　知识类电商软文

2. 公众类电商软文

公众类电商软文是指品牌用于处理内外公共关系，以及向公众传递各类信息的软文，通常出现在品牌内部刊物、官方网站及社交媒体平台上开设的官方账号等地方。一般来说，报道品牌新闻事件的文案，如专访文章、采访文章、新闻报道等均属于公众类电商软文。

范例　图10-2所示为海尔官方网站发布的与品牌相关的公众类电商软文，企业通过该文案向公众传递品牌信息。

海尔集团获评 "2022山东社会责任企业"

2023年4月2日，由大众报业集团（大众日报社）、山东省工商业联合会、山东省人民政府国有资产监督管理委员会、山东省市场监督管理局和山东省地方金融监督管理局联合举办的"2022山东社会责任企业（企业家）"发布暨"2023山东社会责任企业（企业家）"推选活动启动仪式成功举行。现场，海尔集团凭借在社会责任方面的突出表现，获评"2022山东社会责任企业"。

图10-2　公众类电商软文

3. 品牌力电商软文

品牌力电商软文是指用于建设并宣传品牌的电商软文，可以由内部文案人员撰写，也可以与专业的广告公司合作，交由专业的文案人员完成。其主要目的是提高品牌知名度、美誉度和消费者的忠诚度，塑造品牌形象，积累品牌资产。

范例　图10-3所示为洽洽食品发布的品牌力电商软文，文案从原料产地、种植方式、生产过程等方面充分展示品牌优势，以很好地塑造品牌形象。

图10-3　品牌力电商软文

10.1.2　电商软文的写作要求

相较于其他类型的文案，电商软文的精髓在于"软"，需要文案人员将营销目的自然融入文案之中，以内容的价值性取胜。通常来说，电商软文需要满足以下要求。

1. 定位精确

电商软文应当精准定位某一类消费人群，且应有明确的、完整的主题，这样内容才更有针对性。

范例 图 10-4 所示为一篇针对年轻人写作的电商软文，文案表面看似在阐述当下年轻人消费欲望降低的现象，实际上是通过某购物 App 的优质购物体验引出对该购物 App 的推广。

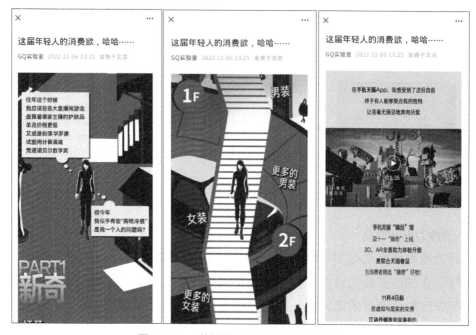

图 10-4 一篇针对年轻人写作的电商软文

2．创意新颖

消费者总是对新鲜的事物感兴趣，好的文案创意不仅能吸引消费者的眼球，还能给文案带来更好的传播效果。创意新颖要求文案人员开拓视野，多角度、多领域地发挥想象。新颖是电商软文发挥效用的根本所在，包括电商软文布局的新颖、构思的新颖、写作角度的新颖、语言风格的新颖……只有不断增强创新能力，文案人员才能写出创意新颖且吸引力强的电商软文。

范例 一篇名为"千万不要用猫设置手机解锁密码"的电商软文，讲述了主角有一天突发奇想地在设置手机解锁密码时使用了猫的指纹，结果当晚忘了给手机充电，于是第二天不得不抱着一只猫去公司上班，以及后来经历的一系列事件，如被地铁拒载、被出租车司机嘲笑、被同事围观，甚至因 PPT 文件存在手机里而不得不在开会时用猫爪来解锁等。一环扣一环的剧情发展，新颖有趣、引人入胜，极大地调动了网友的阅读兴趣，让人忍俊不禁。这是一篇推广华为某款手机的文案。最终，文案由于角度新奇、创意十足，获得了上万次的转发和几亿的阅读量。

3．自然融入广告内容

电商软文就是软广告，一篇成功的电商软文要让消费者在读过之后，不仅没有察觉到其广告本质，还能够受益匪浅。在这个过程中，文案人员要注意，融入广告并不是最后的步骤，相反，文案人员要在写作电商软文之前就想好广告的内容和目的，以便自然融入。

范例 图10-5所示为金龙鱼发布的电商软文部分截图，该文案从我国传统说法"三伏天"入手，引出"头伏吃饺子"的说法，再依次介绍口味独特的饺子，如榴梿饺子、泡菜饺子、芝士饺子等，最后借助饺子皮引出推广对象——小麦粉，广告融入自然而不生硬。

图10-5 金龙鱼发布的电商软文部分截图

10.1.3 电商软文的写作技巧

电商软文要实现"软"营销，就必须要有足够的吸引力，这样才能吸引消费者阅读，并使其认可软文。综合来说，文案人员在撰写电商软文时可以参考以下写作技巧。

1. 借势

借势是电商软文的重要写作技巧，文案人员可以借助网络流行事物、娱乐新闻、社会事件、文化、节日等的热度，也就是能够普遍吸引消费者关注、引起较高讨论度的人、事、物来撰写电商软文。其写作思路如下。

> 先描述与网络流行事物、娱乐新闻、社会事件、文化、节日等相关的内容，再引出要推广的对象，同时要保证网络流行事物、娱乐新闻、社会事件、文化、节日等与推广对象之间的相关性。

范例 图10-6所示为十点读书微信公众号的电商软文，该文案借助了神舟十三号载人飞船返回舱成功着陆这一热点事件，讲述了我国航天事业的发展和该过程中的感人故事，感染力强，让消费者在不知不觉中被故事和航天精神吸引，并在文末顺势推出航天科普读物。

2. 分享知识和经验

一般来说，一篇好的电商软文应该使消费者感受到其价值，所以文案人员在撰写电商软文时可以从消费者的生活、工作、学习等方面出发，向消费者分享知识和经验。其写作思路如下。

以分享知识和传授经验为出发点，撰写消费者渴望知道的、与消费者息息相关的知识或经验，如与生活、工作、学习等相关的知识、方法、技能，再在分享知识和经验的同时植入所要推广的对象。

图 10-6　借势电商软文

范例　图 10-7 所示为一篇与猫粮选购相关的电商软文，文案从猫咪的进食习惯入手，列举了猫咪几个具有代表性的进食习惯及习惯形成的原因，向喜爱猫咪的消费者科普养猫知识，然后引出猫咪的食物需求，并植入要推广的猫粮，有助于提高消费者的信任度，进而购买推广的猫粮。

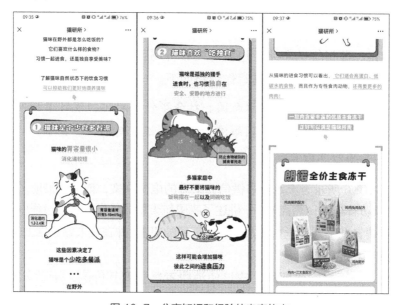

图 10-7　分享知识和经验的电商软文

3．运用新闻词汇

在电商软文的写作过程中，文案人员要善用新闻词汇来增强软文的"新闻性"，减少广告的痕迹，降低消费者对广告的警惕和反感。所谓新闻词汇，是指新闻媒体向消费者传播（报道）最新发生的具有新闻价值的信息时所用的词汇，具有客观、确切、简练、朴实、通俗等特点。在电商软文中使用新闻词汇，可以很好地降低电商软文的广告性，为电商软文穿上新闻的"外衣"。电商软文写作中可使用的新闻词汇有以下3种类型。

- **时间、地点词汇**。如"近日""昨天""正当××的时候""×月×日""在我市""××商场""家住××街的××"等，这些时间和地点词汇可以引导消费者产生与该时间、该地点相关的联想，加深消费者的印象，淡化广告痕迹。
- **新闻源由词汇**。如"据了解""据说""据调查""笔者了解到""在采访中了解到"等，看到这些词汇，消费者会主观认为信息是真实的，有据可查。
- **身份词汇**。如"我""笔者""笔者亲眼所见"等，通过这些词汇，消费者在潜意识中会把自己和文案人员联系在一起，在阅读电商软文时，会站在文案人员的角度思考，也就更容易相信电商软文中的内容。

范例 图10-8所示为某培训平台发布的电商软文，文案开头就以新闻的形式阐述2023年的放假调休安排，然后引出2023年的注册会计师考试时间，最后交代推广对象——注册会计师考试培训课程。

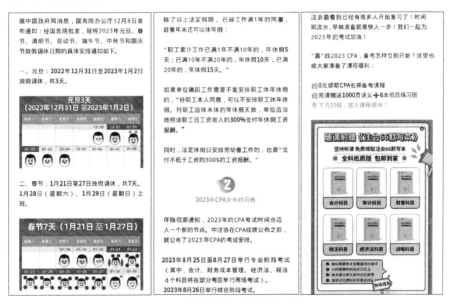

图10-8　某培训平台发布的电商软文

"无信不立，无诚不久"，文案人员结合新闻报道或使用新闻词汇写作电商软文时，需要特别注意电商软文的真实性。不真实的电商软文会给消费者造成困扰，严重的还会给消费者的生命安全带来威胁。消费者在意识到受骗后，也会对品牌变得不信任，最终影响品牌的长期发展。

10.2 "种草"推荐类文案写作

微课

10.2 "种草"推荐类文案的写作

"种草"是近年来使用比较广泛的网络流行语，是指分享推荐某一商品的优点，以激发他人购买欲望的行为。所谓"种草"推荐类文案，就是分享自己对商品的感受或体验，以引发消费者购买行为的文案。相较于其他类型的文案，"种草"推荐类文案带有强烈的个人色彩，比较具有真实性，容易赢得消费者的信任。

10.2.1 "种草"推荐类文案的类型

一般来说，消费者在购买商品之前，大多会在网络中查找与商品相关的体验或使用感受分享，因此消费者对"种草"推荐类文案的接受度比较高。总的来说，"种草"推荐类文案在小红书、"逛逛"等平台中比较常见，主要包括以下4种类型。

1. 开箱"种草"

所谓开箱，就是商品到货后打开包装、核验商品的过程。开箱"种草"就是从消费者的视角做出拆包裹、拆标签、拿出商品等行为，并全方位地展示商品，说出自己的消费体验和真实感受，以满足其他消费者的好奇心，激发其对商品的好感度和购买欲。一般来说，为了向消费者全方位展示商品，这种"种草"推荐类文案多采用短视频的形式呈现。

范例 图10-9所示为某小红书博主发布的家居用品开箱短视频。在短视频中，该博主展示了她拆快递的全过程，还采用字幕的形式详细说明了商品的用处和自己对商品的感受，这就是典型的开箱"种草"。

图10-9 开箱"种草"

2. 测评"种草"

测评"种草"也就是以测试、评定的方式"种草"。一般来说，这种类型的文案会针对商品的外观、性能、功效等方面进行详细的测试，并根据真实的测评结果进行分析和评价。这类文案一般会有真实、专业的数据和实验结果做支撑，因此消费者对这类文案的接受度和信任度也比较高。

　　范例　图 10-10 所示为某小红书博主发布的保温杯测评短视频，文案选取了 6 款热门的百元保温杯，对其密封性、保温效果、材质等进行测评，可以让消费者快速了解商品，做出购买决策。

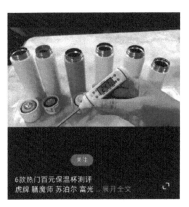

图 10-10　测评"种草"

3．试用"种草"

　　试用"种草"也就是以使用者的身份进行"种草"的文案。一般来说，这类文案会首先说明文案人员已经试用过商品，然后向消费者分享商品的使用感受和性能等。另外，这类文案可能还会结合图片或视频将使用效果直接展示出来，以便消费者清楚地了解商品。

　　范例　图 10-11 所示为某美妆博主发布的护发精油试用"种草"推荐文案，博主采用"文字＋图片"的形式直观地展示了她试用护发精油的感受和效果，可以很好地提高消费者对商品的信任度。

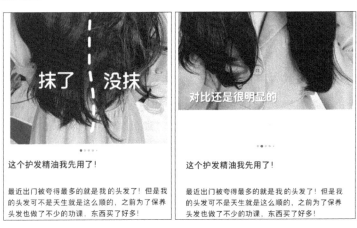

图 10-11　试用"种草"

4．清单"种草"

　　相较于前 3 种"种草"推荐类文案，清单"种草"内容更加丰富，一般会采用列清单的方式将多种商品进行归纳集合，而要推广的对象就暗含其中，从而有效引导消费者购买。

范例 图 10-12 所示为某博主发布的清单"种草"文案，文案采用列清单的形式列举了多款白色系小家电，而且一一展示了清单上的每款商品，有助于加深商品在消费者心中的印象。

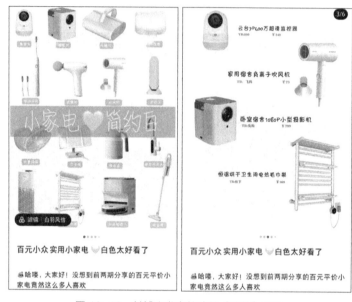

图 10-12　某博主发布的清单"种草"文案

10.2.2　"种草"推荐类文案的写作模板

相较于其他类型的电子商务文案，"种草"推荐类文案不需要使用华丽的辞藻和复杂的结构，只要能让消费者感到真实、可信任即可。其写作模板和示例如下。

模板1： 开头铺垫＋商品卖点描述＋总结

模板2： 提出观点＋解决方案（将商品植入其中）＋总结

示例1： 去年我家的"小苹果"送到宠物店洗澡时生病了，从那以后我就一直在家给它洗澡了。陆陆续续换了不少宠物沐浴露，我发现趣宠的沐浴露最好用。按压式泵头便于操作，味道是淡淡的柠檬香，非常清新！并且它是洗护二合一的，20分钟就可以洗完！这瓶快用完了，我准备在它家做活动时再多囤一点，感兴趣的"宝宝们"也可以试试哟！

示例2： 在家给狗狗洗澡比去宠物店洗澡要经济实惠，但一定要注意以下3点，不然就算按时洗澡，狗狗的皮肤也容易出问题。狗狗有皮肤病真的很让人崩溃！

（1）洗之前把毛发好好地梳理一下，直接冲水的话，狗狗的毛发可能会打结。

（2）用沐浴露之前要先看说明书，有的沐浴露是需要稀释的，不然可能会刺激狗狗的皮肤，我以前就犯过这样的错误！后来我直接换了趣宠的沐浴露，它不用稀释，非常方便！另外，狗狗的肚子和腿要多冲几遍，不要有沐浴露残留！

（3）洗完一定要给狗狗吹干毛发！特别是毛发的根部！

以上3点是我自己给狗狗洗澡洗出来的心得，小伙伴们一定要注意啊！

10.2.3 "种草"推荐类文案的写作技巧

"种草"推荐类文案的重点是要让消费者产生信任，因此文案人员在写作时最好采用对话的方式，而不是一本正经地介绍。总的来说，文案人员写作时可以参考以下技巧。

1．加入自身体验

文案人员可以在"种草"推荐类文案中加入自身体验，从侧面传递商品的特点和功效等，如图 10-13 所示。这样可以增强文案的真实性，让消费者产生信任。

2．通过名人进行证明

在"种草"推荐类文案中加入名人、专业达人的经历，也可以提高消费者对商品的信任度，如 ×× 推荐过的保温杯、×× 都在用的护发精油、×× 同款穿搭等，如图 10-14 所示。

图 10-13　加入自身体验　　　　　图 10-14　通过名人进行证明

3．结合相关数据

在"种草"推荐类文案中添加相关数据更能增强说服力，提高消费者的信任度，如商品参数数据、实验数据、销量数据等。例如，在一篇保温杯的"种草"推荐类文案中添加各个时间段的水温数据，比一句"保温效果好"更有说服力。

> **专家点拨**
>
> "种草"推荐类文案既要让消费者产生信任，又要做到真诚推荐，也就是真心实意地向消费者推荐商品。文案人员在介绍商品时，不仅要介绍商品的优点，还要说明商品的缺点。一般来说，大多数消费者在购买商品时都有自己的判断，太完美的商品反而容易引发消费者的怀疑。

 阅读与思考：邀请专业达人发布"种草"推荐类文案——完美日记小红书营销

完美日记是一个国产美妆品牌，于2017年正式成立。近年来，在美妆市场被海外美妆品牌占据较大份额的情况下，完美日记凭借其优质的商品和全方位的网络营销策略异军突起，成为美妆品牌的新兴势力。其中，开展小红书营销是完美日记营销策略中比较重要的一环。

小红书是一个购物分享平台，汇聚了全球数百万达人，内容以美妆、配饰、服装等品类的购物心得为主，用户则大多是一些一、二、三线城市的年轻女性。小红书的用户与完美日记的目标消费人群高度匹配，为了提高品牌知名度，完美日记于2018年开始在小红书中开展营销。为了增强营销内容的真实性，完美日记邀请了许多美妆达人发布有关旗下商品的"种草"推荐类文案，如在美妆教程中植入完美日记旗下商品（见图10-15），测试完美日记口红颜色（见图10-16），测评完美日记旗下商品的显色度和持久度等。

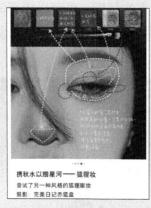

图 10-15　在美妆教程中植入完美日记旗下商品

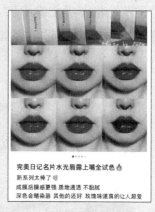

图 10-16　测试完美日记口红颜色

为了增强内容的真实性，除了邀请美妆达人发布"种草"推荐类文案外，完美日记还邀请了普通消费者在小红书中发布有关商品的使用体验。经过此番操作，完美日记很好地提升了品牌和商品的知名度，带动了大批消费者购买商品。

思考：（1）完美日记邀请美妆达人发布"种草"推荐类文案有什么作用？（2）达人发布的"种草"推荐类文案都有哪些类型？

10.3　问答类文案写作

问答类文案是一种问答形式的文案，在知乎、百度知道、悟空问答等平台中比较常见。就目前而言，许多消费者会在问答平台中提出问题或搜索相关问题来解决疑惑，以辅助做出决策，而品牌通过问答类文案可以很好地树立商品口碑、提升品牌形象，进而促进

微课

10.3　问答类文案的写作

商品的销售。

10.3.1　问答类文案的写作模式

对于问答类文案而言，文案人员主要需要围绕问题和答案来进行写作。总的来说，问答类文案主要有以下两种写作模式。

1. 回答问题

在问答平台中，回答他人问题的情况比较常见，文案人员只需要在与品牌相关的问题下，从问题本身出发，输出有价值的内容，并在其中植入有关本品牌商品的文案即可。

范例　图10-17所示为海尔发布在"独居老人的家里应该增加哪些设施，避免意外发生？"问题下的回答，文案先针对问题本身给出了答案——"与其增加单独的设施，不如直接将设施连成一个整体，更方便老人使用"，然后在答案中植入品牌旗下的商品，包括智能门锁、智能音箱、智能烟灶等，不仅从问题本身给出了答案，还很好地宣传了旗下商品。

图10-17　回答问题

2. 自问自答

如果问答平台中没有合适的问题，文案人员还可以采用自问自答的模式来写作文案。不过这要求文案人员先站在消费者的角度来设计问题，以吸引更多消费者参与回答，然后自己回答问题进行营销。一旦该问题的热度增加，自然也能使文案触达更多的消费者。

范例　图10-18所示为海尔在知乎中的问题列表，图10-19所示为海尔在"热水器有必要买贵的吗？有什么好的建议？"问题下方的答案列表。结合两张图片可以看出，海尔采用了自问自答的模式来写作文案。

图 10-18　问题列表

图 10-19　答案列表

10.3.2　问答类文案的写作要点

问答类文案的写法实际上与公众号文案、微博文案等的写法相似，只是文案的形式变成了问题和答案。文案人员在写作问答类文案时除了可以参考前述相关知识外，还需要注意以下写作要点。

1. 学会选择关键词

在问答类文案中，关键词非常重要，尤其是在搜索相关问题或内容时，消费者常常通过搜索关键词来查找问题和答案，由此选择是否查看问答内容。关键词不仅要合理地出现在问题中，还要适当地出现在答案中。文案人员在为问答类文案添加关键词时，可以从以下 5 个方面入手。

- **商品词**。根据所提供的商品种类，或者商品细分类型来确定关键词，可以具体到商品类目、型号和品牌等，如英语培训、智能扫地机器人等。这类关键词具有明显的定位意向，因此需要在问题中着重突出商品的特色，抓住潜在消费人群的需求，促成最终的转化。

- **通俗词**。很多消费者在问答平台中搜索信息时，会使用一些比较口语化的表达方式，如"怎样学好英语？"，这类消费者一般以获取信息为目的，对商业推广的关注度不高，因此在使用该类关键词吸引消费者时，应该以为消费者提供有价值的信息为目的，在解决了消费者的问题后，再引导消费者关注。

- **地域词**。将商品词、通俗词、地域词相结合，就可以针对某个地域的消费人群进行推广，如"上海健身培训班""上海哪个健身培训班好"等。搜索这类关键词的消费者通常有较强的目的性，希望在搜索的地域内获得商品具体服务，因此在营销时需要突出商品具体服务在地域上的便利性。

- **品牌词**。在拥有一定的品牌知名度后，就可以使用品牌词，如"海尔""华为"等，此外如果拥有专业技术或专利名称，也可以使用一些专有品牌资产名称来吸引潜在消费人群。

- **人群相关词**。问答类文案都有目标消费人群，因此可以立足于这类人群，选择与其相关的词，如零基础、初学者、新手等。

2. 站在消费者的角度提出问题、回答问题

对于问答类文案而言，消费者更想看到对自己有价值的内容，因此文案人员应当站在消费者的角度去提出、回答问题。例如，对于成都某会计培训机构而言，提出的问题可以是"成都哪个会计培训机构比较好？"，而不是"成都××会计培训机构怎么样？"，因为前者站在消费者的角度考虑问题，营销效果也会更好。

另外，就回答问题而言，消费者一般比较倾向于专业人士的回答，因此，在回答问题时，文案人员可以彰显自己积累的经验，增强消费者的信任感，如"作为一个上过不少绘画培训班的人"，然后结合实例，逻辑严谨地展开回答。

范例 图 10-20 所示为 OPPO 在"如何优化产品设计，实现信息无障碍，让老年人获得更好的用户体验？"问题下的回答。OPPO 站在消费者的角度详细罗列了老年人可能面临的问题，再结合旗下商品说明自身商品可以解决这些问题，有利于推广和宣传商品。

图 10-20　站在消费者的角度回答问题

👤 **专家点拨**

要想写作的问答类文案热度高，寻找"高价值"问题非常重要。文案人员可以在问答平台的热榜中寻找可以植入商品或品牌的问题，也可以直接搜索关键词，通过结果列表筛选关注人数较多的问题。另外，在回答问题前，文案人员还要注意审题，思考消费者提出该问题时的处境、想要获得怎样的答案等，再结合问题写作营销内容。

阅读与思考：以专业回答说服消费者——海尔的知乎文案

作为一个国产老品牌，除了微信、微博，海尔也经常在知乎中发布电子商务文案开展营销与推广，图 10-21 所示为海尔在知乎中开通的各大账号。相比于活泼、有趣的微信、微博文案，海尔在知乎中发布的问答类文案更具专业性。在选择问题时，海尔大多会选择一些与品牌旗下商品相关的高关注度问题，回答问题时会针对问题本身并结合相关数据、报道等，这样不仅可以增强内容的说服力，还能树立起一个专业的品牌形象。例如，图 10-22 所示为海尔发布在"冰箱冷冻能力 5kg/12h 和 7kg/12h 实际使用中有什么区别？"问题下的答案，文案先解释了问题中提到的"5kg/12h 和 7kg/12h"的概念，然后针对问题给出了详细且专业的解答。

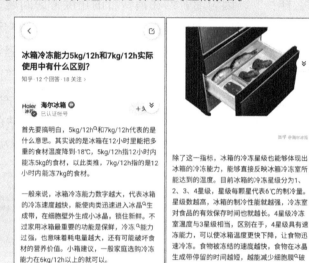

图 10-21　海尔在知乎中开通的各大账号　　　　图 10-22　海尔发布的答案

思考：（1）海尔发布在知乎中的文案有什么特点？（2）海尔一般是如何选择问题的？

10.4　信息流文案写作

信息流指内容的集合，可以简单理解为以媒体平台为主要载体，一条条排列在平台推荐界面的信息内容，包括与其他信息内容混排在一起的广告。信息流文案以文字、图片、视频等形式为主，主要凭借后台算法，根据消费者喜好进行精准推荐，因此针对性强。

微课

10.4 信息流文案
的写作

10.4.1　信息流推荐机制

信息流推荐机制实际上是一种个性化推荐机制，其通过大数据算法记录并分析消费者数据，计算出消费者的偏好和兴趣，再为消费者推荐可能感兴趣的内容。这种推荐机制实现了内容的精准推送，一方面减少了消费者搜索内容的时间，另一方面也优化了消费者的使用体验。

👤 **专家点拨**

消费者数据包括消费者的基本信息（如性别、年龄、所处地理位置，以及使用机型、手机上经常使用的其他 App 等）、消费者主动订阅或喜欢的内容（如订阅账号、订阅频道、关注的话题等）、消费者阅读过的文章和搜索过的关键词、消费者喜欢阅读的其他文章类型等。

信息流文案在今日头条、一点资讯等平台中比较常见，这些平台采用的就是这种个性化推荐机制。在这种个性化推荐机制下，一篇文案的发布大多会经历内容审核、冷启动、正常推荐、复审 4 个推荐环节（见图 10-23）。在这个推荐过程中，如果文案首次被推荐后的点击率较低，系统会认为该文案不适合推荐给更多的消费者，从而减少二次推荐的推荐量；如果首次被推荐后点击率高，系统会认为该文案受较多消费者喜欢，从而进一步增加推荐量。以此类推，文案新一次被推荐的推荐量都以上一次被推荐的点击率为依据。此外，文案过了时效期后，推荐量将明显衰减，时效期节点通常为 24 小时、72 小时和一周。

图 10-23　个性化推荐机制下文案的推荐环节

范例　一篇文案首次被推荐给了 1000 个消费者，如果这批消费者的点击率较高，系统会判定消费者非常喜欢这篇文案，从而将这篇文案进一步推荐给 10 000 个消费者；如果这次被推荐后的消费者点击率仍然维持在较高水平，那么系统会再次扩大推荐范围，将这篇文案推荐给 30 000 个消费者、50 000 个消费者、100 000 个消费者……这篇文案的推荐量和阅读量便如滚雪球一般节节攀升。直到这篇文案过了 24 小时的时效期，新一次被推荐的推荐量才会逐渐衰减。

👤 **专家点拨**

信息流推荐机制下，文案通过审核后，还需要经历"消重"这道关卡。"消重"就是消除重复，指对重复、相似、相关的文案进行分类和比对，使其不会同时或重复出现在消费者的信息流中。为了避免被"消重"，文案人员应该尽量坚持原创、谨慎使用热点、少用常见标题。

10.4.2　信息流文案的写作要点

信息流文案基于消费者的兴趣数据进行个性化推荐，要想文案获得更高的推荐量，文案人员在写作信息流文案时需要注意以下要点。

1. 覆盖目标消费人群

写作信息流文案时，文案内容必须与目标消费人群的需求联系起来，尽可能地覆盖目标消费人群，这样才能增加信息流文案的阅读量，否则，即使该文案被智能推荐出去，但由于对该内容感兴趣的消费者太少，点击量和阅读量仍旧会非常低，进而降低文案的被推荐指数。

范例　图 10-24 所示为有关印象笔记新款电纸书的推文，从标题可以看出，该文案的消费人群为对电纸书感兴趣的人、喜爱阅读的人，主题明确。并且内文用不同颜色对重点字词做了标记，便于消费者抓住重点，再搭配通俗易懂的语言，整体曝光量和阅读量自然较高。

2. 添加关键词

信息流推荐机制下，要让信息流文案更容易被平台系统推荐，文案人员在写作时最好合理添加一些关键词。文案人员在为信息流文案添加关键词时可以参考问答类文案关键词的选择，除此之外，还可以从以下两个方面入手。

- **高频词**。高频词即出现频率比较高的、与主要内容相关的词语。例如，一篇时尚类的信息流文案主要介绍夏季服装搭配，那么内文中出现的高频词可能是 T 恤、短裤、连衣裙、衬衣等与文案主题相关且出现频率较高的词语。
- **低频词**。低频词指使用频率低、不经常出现的词语。一般来说，信息流文案中含有许多性质相同的词语，这些词语不容易被平台作为关键词提取，但如果使用一些有差异性的词语来展示商品的个性或风格，这些有差异性的词语就容易被平台作为关键词标记。

图 10-24　有关印象笔记新款电纸书的推文

在写作信息流文案时，文案人员要尽量多提炼更容易让平台系统识别和判断的关键词。平台系统判定出关键词后，会将这些关键词与分类模型中的关键词模板进行对比，如果吻合度较高，就会为该文案标注对应类型的标签。例如，某篇信息流文案被提取出来的关键词有"卸妆""清洁""爽肤水""眼霜"等，那么该文案就可能被标注"护肤""保养""化妆品"等标签。平台系统由此完成对该文案的初步分类和认知，并将其推荐给经常关注"护肤""保养""化妆品"等内容的消费者。

👤 专家点拨

文案人员在为信息流文案添加关键词时，可以参考商品文案中的关键词，还可以利用站长工具、5118、百度指数、巨量算数等工具来收集和挖掘关键词，增加文案被推荐的概率。

3. 保证原创

信息流文案发布后，平台系统还会通过全网搜索引擎审核文案的原创度和健康度，以及是否存在恶意营销等情况。文案原创度在 60% 以上时，才会被系统推荐，因此文案人员应当保证原创。在发布文案时，文案人员也可以申请开通原创功能，增加信息流文案被推荐的概率。

范例 图 10-25 所示为今日头条中的信息流文案，点击其中一篇文案后可以发现，文案标题下方显示了"原创"标签（见图 10-26），这种信息流文案更容易被系统推荐给消费者。

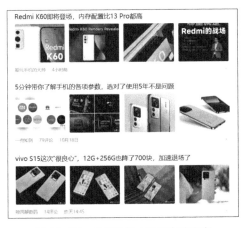

图 10-25 今日头条中的信息流文案

图 10-26 "原创"标签

📈 同步实训：为网店的乒乓球拍写作"种草"推荐类文案和问答类文案

【实训背景】

乒乓球是一项世界流行的球类体育项目，也被称为我国的"国球"。飞扬是一家

售卖乒乓球拍的网店，图10-27所示为网店的热销乒乓球拍，69元一副。为了促进网店内商品的销售，店长准备让文案人员王翔写作一篇"种草"推荐类文案和一篇问答类文案，并分别发布在小红书和知乎中。

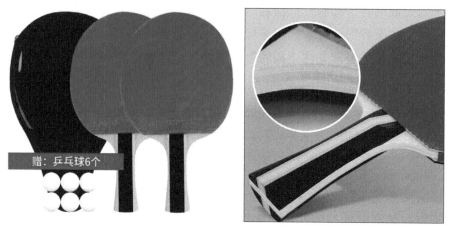

图 10-27　网店的热销乒乓球拍

【实训要求】

（1）写作加入自身使用的"种草"推荐类文案。

（2）写作可读性强的问答类文案。

【实训步骤】

（1）写作加入自身体验的"种草"推荐类文案。加入自身体验的"种草"推荐类文案最好以第一人称结合"种草"推荐类文案的写作模板写作。

> **示例：**
>
> 今天我是快乐的乒乓球女孩！
>
> 周末在家看奥运赛，看得我是热血沸腾！我跟闺蜜说了我想学打乒乓球，她就给我买了一副乒乓球拍。刚开始我不会打，甩飞了好几次乒乓球拍，本来以为69元一副的球拍今天会被我弄坏，没想到完好无损。闺蜜告诉我这副乒乓球拍是实木的，特别耐用，喜欢打乒乓球的或者乒乓球新手都可以入手哦！
>
> 购买链接：×××××××××××××
>
> **写一写：**
>
> _____
>
> _____
>
> _____

（2）写作可读性强的问答类文案。写作问答类文案前，首先要找到一个高质量的问题，可以在知乎首页搜索关键词"乒乓球拍"，然后筛选排名靠前、发布时间较近、关注人数较多的问题，如"如何挑选乒乓球拍？""有什么适合新手用的乒乓球拍？"等；紧接着需要分析问题的关注重点，就问题本身进行解答，并在答案中植入商品。

示例：

（问题）如何挑选乒乓球拍？

（答案）不管是业余爱好者还是专业运动员，要想打好乒乓球，首先要有一款合适的乒乓球拍。但是，不同的拍柄形状，不同的重量、材质，再搭配胶皮，各种搭配组合让人眼花缭乱，有时真的是无从下手。那我今天就给大家说说新手如何选购乒乓球拍！

乒乓球拍由乒乓球拍底板、胶皮和海绵3个部分组成。常见的底板有3类，分别是5层纯木、7层纯木、5层纯木+2层碳。如果是新手，最好从纯木入手，纯木底板更适合练习、进阶。胶皮分为正胶、反胶、长胶和生胶，新手最好选择反胶，反胶的表面没有颗粒，可以利用球与胶皮的摩擦打出旋转球。新手既可以选择购买成品乒乓球拍，也可以自行组装乒乓球拍。直接购买成品乒乓球拍是新手的优先选择，红双喜、双鱼等都是比较受欢迎的成品乒乓球拍品牌。另外，乒乓球拍分为直拍和横拍两种，如果是休闲娱乐，不用在意是直拍还是横拍，如果是准备专业学习乒乓球，就可以先从直拍入手，等技术提高了再换横拍。我刚开始打乒乓球的时候就是买的直拍，纠结了很久决定买飞扬家的，飞扬家的乒乓球拍大小合适，手感和弹性都很好，售价是69元一副，性价比特别高。以上就是我关于挑选乒乓球拍的一些经验，希望对大家有用！不过，器材固然很重要，但也不需要过度纠结，多打多练多请教，才是提高水平的根本之道！

写一写：

_____

_____

_____

_____

_____

_____

_____

_____

_____

巩固与练习

1. 选择题

（1）【单选】提供知识科普并植入营销内容的文案属于（　　　）。

    A. 知识类电商软文　　　　　　　　　B. 公众类电商软文

    C. 品牌力电商软文　　　　　　　　　D. 经验类电商软文

（2）【单选】从消费者的视角做出拆包裹、拆标签、拿出商品等行为，并全方位地展示商品，说出自己的消费体验和真实感受，以满足其他消费者的好奇心，激发其对商品的好感度和购买欲的"种草"推荐类文案属于（　　　）。

    A. 试用"种草"　　　　　　　　　　B. 开箱"种草"

    C. 清单"种草"　　　　　　　　　　D. 测评"种草"

（3）【多选】当前常见的电商软文包括（　　　）。

    A. 知识类电商软文　　　　　　　　　B. 公众类电商软文

    C. 品牌力电商软文　　　　　　　　　D. 经验类电商软文

（4）【多选】在信息流推荐机制下，一篇文案的发布大多会经历的推荐环节包括（　　　）。

    A. 内容审核　　　　　　　　　　　　B. 冷启动

    C. 正常推荐　　　　　　　　　　　　D. 复审

（5）【多选】文案人员在为问答类文案选择关键词时，可以从（　　　）等方面入手。

    A. 商品词　　　　B. 通俗词　　　　C. 地域词　　　　D. 品牌词

2. 填空题

（1）_____就是以测试、评定的方式"种草"的"种草"推荐类文案。

（2）_____是指出现频率比较高的、与主要内容相关的词语。

（3）信息流推荐机制实际上是一种_____，其通过大数据算法记录并分析消费者数据，计算出消费者的偏好和兴趣，再为消费者推荐可能感兴趣的内容。

3. 判断题

（1）开箱"种草"也就是以已使用人的身份进行"种草"的推荐类文案。一般来说，这类文案会首先说明自己已经试用过商品，然后向消费者分享商品的使用感受和性能等。　　　　　　　　　　　　　　　　　　　　　　　　　　　（　　）

（2）信息流推荐机制下，文案一定要多添加低频词。　　　　　　　　（　　）

（3）在问答平台中，文案人员可以搜索问题并写作答案，也可以选择自问自答的模式。　　　　　　　　　　　　　　　　　　　　　　　　　　　　　（　　）

4．实践题

（1）2022 年北京冬奥会的成功举办极大地激发了消费者的冰雪旅游热情。行者是一家比较出名的旅行社，看到消费者对滑雪的热情，便组织推出了一条从成都市区到西岭雪山的滑雪团游线路。该线路的游玩项目并不局限于滑雪，还包含泡温泉、徒步和篝火等，两天一夜报价 399 元。请试着为该团游项目写作一篇小红书"种草"推荐类文案和今日头条问答类文案，其中今日头条问答类文案需结合与滑雪相关的关键词。

（2）假如你需要推广一把防晒伞（见图 10-28），请结合问答类文案的写作要点，谈谈你提问的思路，再以你的提问为依据，站在消费者的角度，写作一篇推广该防晒伞的问答类文案。

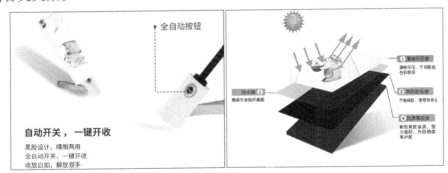

图 10-28 防晒伞

（3）我国推进生活垃圾分类的步伐不断加快，督查工作日渐精细。为加强消费者对垃圾分类的重视，树立"绿色、低碳、环保"理念，养成珍惜资源、节约能源的生活习惯，某品牌推出了一款家用分类垃圾桶（见图10-29）。假设你是该品牌的文案人员，请试着为该商品写作一篇推广软文。

图10-29　分类垃圾桶